KB185378

AI 시대 일의 의미, 전략 그리고 지속하는 힘

일의 무기

손재환

**(주)지앤디 대표이사, 아이데코안경(EYE DECO) 의왕본점 원장,
무극안경체인 대표이사, 한국안경아카데미 대표강사,
법무부 청소년 범죄예방위원, 작가, 유튜버.**

1994년, 20대 중반에 자기 사업을 시작하여 35년이 지난 지금까지도 한결같이 한 가지 일에만 열중하며 오늘도 최선의 노력을 다하고 있다.

흙수저와 신체적 마이너스에서 출발한 인생이라고 항상 웃으며 얘기하는 저자는 본인과의 약속을 지키기 위해 30년 넘게 장사를 해왔던 성공 경험과 노하우를 나누기 위해 『한국안경아카데미』를 설립하여 대표 강사로 지식을 공유하고 있으며, 나아가 장사를 시작하는 것이 어렵거나, 매출이 떨어지고 장사가 잘되지 않는 사장님들의 멘토링을 위해 『장사스쿨』을 운영하며 도움을 주고 있다.

대표 저서로는 《안경혁명》, 《안경 피팅의 정석》, 《일류 아빠의 생각》, 《장사 교과서 ① 사장편》, 《장사 교과서 ② 매장편》, 《장사 교과서 ③ 고객편》, 《장사 교과서 ④ 직원편》, 《안경사의 기술》 등이 있다.

이메일　mooguk7434@gmail.com
블로그 장사 스쿨　blog.naver.com/gnd7434
인스타그램　www.instagram.com/1liu.daddy
유튜브 안경대표 손재환　youtube.com/@eyedeco_official
틱톡　www.tiktok.com/@eyedeco

일의무기

손재환 지음

The only way to do great
work is to love what you do.

"AI 시대 일의 의미, 전략 그리고 지속하는 힘"

RAON
BOOK

"그만큼 벌었으면 이제 놀아도 되지 않아요?"

일요일에 안경원에서 일하고 있으면 손님들이 이런 질문을 종종 한다. "대표님, 여기 안 계셔도 될 것 같은데 왜 나와 계세요?"

3층짜리 안경원 규모를 보나 저가부터 고가의 명품 안경까지 다양하게 다루고 있는 품목들을 보나, 딱 봐도 일주일에 5천만 원 매출은 넘을 것 같은 매장에서 군이 사장이 주말에 나와 있을 필요가 없어 보인다는 것이다.

주식, 코인, 부동산 등 재테크 투자를 하지 않으면 뒤떨어진 사람 취급을 받는 사회 분위기 속에서 사람들은 바짝 큰돈을 벌어서 일하지 않고도 풍족하게 사는 삶을 꿈꾸곤 한다. 그런 한탕주의식 꿈꾸기는 어느 시대에나 있었던 것 같다. 로또로 10억 원쯤 당첨금을 받으면 조용히 일을 그만둘 것이라는 사람도 있다. 만약 그런 일이 실제로 일어난다면 그 사람은 그후로 평생을 여유롭고 행복하게 만족스러운 삶을 살 수 있을까? 꼭 그렇진 않을 거라 생각한다.

때론 '에이그, 돈 벌었으면 놀러나 다니고 그러지. 아직까지 일을 붙들고 있냐?'라는 시선으로 쳐다보는 사람도 있다. 그럴 때는 마치 내가 반사회적 인간이 된 것만 같다. 그동안 우리나라의 기성세대들은 '일'이라는 걸 그저 돈벌이로만 생각했다. 어릴 때는 그저 공부 열심히 하고 성인이 되면 좋은 회사 가서 월급 많이 받고 돈벌어 오면 그게 끝인 줄 알았다. 매장을 운영하는 많은 자영업자들은 돈만 벌고 나면 하던 일을 남에게 맡기고 현장을 떠나 그동안 고생한 대가라면서 취미나 놀이에 빠져든다. 내가 그것을 나무라는 것은 아니다. 잘못된 것이라 생각하지도 않는다. 다만 그렇다고 해서 여전히 현장에서 일하고 있는 나를 희한한 사람 쳐다보듯이 할 필요는 없다는 말을 하고 싶은 것이다.

물론 일이란 먹고사는 생계를 위해서 출발하는 것이 맞다. 그러나 일이 곧 돈벌이와 같은 의미는 아니다. 돈과 밀접한 관련이 있긴 하지만 그게 전부가 아니며, 여기에 덧붙여 '나의 가치'를 만들어가는 것이 일이다. '나는 이 세상에 왜 온 것인가?'라는 거창한 물음까지는 하지 않더라도, 초고령 사회를 앞두고 인공지능 때문에 사라져갈 직업군에 내 일도 해당하지 않을까 궁금증을 가져본 사람이라면 누구든 이 책을 통해 '일이란 무엇인가'에 대해 함께 생각해보는 계기를 마련해보면 좋겠다.

일을 돈벌이로만 생각하면, 일은 힘들고 하기 싫은 것이 된다. 요즘 20대들은 일찍 출근하고 늦게 퇴근하는 친구를 보면 "너 미쳤냐?"라는 식의 반응을 보인다. 왜 손해를 보면서 호구가 되냐며 이유 불문하고 반사회적인 행동으로 몰아가는 것이다. 그러나 다른 측면에서 보면 일은 소중한 것이다.

안경원에서 피팅 작업을 하다 보면 손이 정말 아프다. 피팅은 손님 얼굴에 일일이 안경테를 맞춰주는 수작업이다. 그러다 보니 얼마 전 30년 만에 처음으로 손목에 통증이 오기 시작했는데, 65세의 한 아주머니가 내가 피팅하는 걸 가만히 지켜보더니 한마디 했다. "아이고! 손목에 자석 패치 붙인 걸 보니 마음이 아프다. 오래 일해야 나같이 안경이 불편한 사람들한테 잘해줄 것 아냐." 그러면서 손목을 조심하라고 했다.

나이가 들어서 그런지 그런 말을 들으면 힘이 많이 난다. 하루종일 앉아서 일하고 있으면 허리도 아프고 몸은 피곤하고 힘들지만, 사람들의 그런 따뜻한 말 한 마디에 새로운 힘이 솟는다. 내가 하는 일이 다른 사람들에게 편리함을 줄 수 있다는 게 진심으로 행복하다. 나이를 먹었는데도 돈도 벌고 칭찬도 듣고 있으니, 어찌 보면 세상에서 제일 행복한 사람이 된 것 같아 감사한 마음이 생긴다.

"평생 계속할 수 있는 직업이라서 좋겠어요. 사람은 일을 해야 돼." 손님들에게, 친구들에게 요즘 정말 많이 듣고 있는 말이다. 일이 없는 생활의 무기력감을 느껴본 사람들이 '돈을 벌어서'가 아니라 일의 진정한 가치를 깨달아서 나에게 하는 말이다.

'내가 이 일을 잘할 수 있을까?'라는 두려움으로 시작해서, 이제는 이 일을 누구에게 전수해줄지 생각하는 나이가 되고 보니 책임감이 생긴다. 지금의 젊은 세대들에게 내가 왜 아직도 일을 하고 있고, 왜 앞으로도 일을 계속할 건지 말해주면 좋겠다 싶었다. 일의 부정적인 면이 아닌 긍정적인 면을 말하고 싶은 것이다. 또 산업화 시대와 달리 AI 시대에 일이란 게 달라질 것인지, 일 잘하는 고수들은 무엇이 다른지, 이런 것들도 함께 생각해보려고 한다.

앞으로의 세상은 내가 살아왔던 세상과는 완전히 다른 세상일 것이다. 그럴수록 일의 정의를 다시 세워야 한다. 인간이 존재하는 한 반드시 동반되는 것이 일이다. 일을 어떻게 생각하고 받아들이는가에 따라 그 사람의 행복이 좌우될 수 있다. 고차원의 행복은 일을 통해서만 느낄 수 있는지도 모른다.

나는 30년 넘는 세월 동안 한 가지 일만 했다. 그 일을 통해서 가족이 생겼고 돈도 얻었고 회사도 얻었고 사회적인 위치도 얻었고 행복도 얻었다. 책을 쓰게 되었고 그 과정에서 나의 가치를 더 높일 수 있다는 것도 알았다. 책을 쓰는 '일'을 통해서 사람들에게 나의 생각과 경험을 나눠줄 수 있다는 것이 얼마나 기쁜지 모른다.

이 책을 쓰는 동안, 아무도 일어나지 않는 새벽 4시 30분에 글을 쓰면서 나의 생각을 정리하곤 했다. 그것 또한 일이었지만 행복한 시간을 보냈다. 다른 사람들이 고요하고 깊은 수면으로 휴식하고 있는 시간에도 나는 일을 했지만 괜찮았다. 책 한 권을 통해서 '일'에 대한 다른 시각의 사색을 해보는 사람들이 늘어난다면 나는 얼마나 좋은 일을 하고 있는 것인가.

일에 대한 태도를 갖추는 것은 어쩌면 '어떻게 살 것인가'에 대한 물음에 답하는 것일지도 모른다. 일에 대한 고마움을 장착하고 일에 대한 본질을 생각해보는 책이 되면 좋겠다. 1장은 일에 대한 개론으로, 과연 AI 시대의 일은 어떻게 흘러갈지 생각하면서 썼다. 2장은 30여 년 가까이 안경사로서 사업가로서 일하면서 정립한 일에 관한 나의 이론을 정리해보았다. 3장에서는 일의 지속 가능성에 대해 다뤘으며, 4장은 자신이 가치 생산을 해내고 있는 사람인지 자가진단 체크리스트로 활용할 수 있게 했다. 한 사람에게 누구를 만나 일을 배우고 누구와 일을 하느냐는 인생을 뒤흔들 수 있는 요소다. 5장에서는 그와 관련된 이야기를 할 것이다.

젊은 시절 일은 하고 싶은데 일자리가 없어서 면접 보러 다니다가 퇴짜를 맞곤 했던 것이 생각난다. 당시 나는 일에 대해 간절했다. 나는 잘할 수 있는데, 남의 시선에서 보면 다리가 불편한 육체적 한계가 있는 사람이었기 때문에 나는 좌절을 맛보곤 했다. 그때마다 기다렸다. '언젠가는 당신들보다 더 잘될 것이다.' 간절함이 빚어낸 20대 초반의 작은 다짐이 지금의 나를 있게 한 것일지도 모르겠다. 더 악착같이 일하고 더 크게 목표를 올리면서 오다 보니, 일이 곧 내 삶의 전부라 해도 과언이 아니게 됐다. 나는 앞으로 10년 뒤, 20년 뒤에도 계속해서 일의 현장에 있으면서 진화해갈 생각이다.

일에 있어서 어느 정도 성과를 이루면 꼭 뒤따라오는 것으로 시기와 질투가 있다. 내가 잘 되는 걸 배 아파하는 남들의 시선은 시련이기도 했지만, 나 자신을 더욱 단련시키는 숙성의 시간이기도 했다. 일이란 순탄하게만 흘러가지는 않는다. 어떤 형태로든 꺾어짐이 오지만, 그 시기를 잘 이겨내고 통과하면 그 분야에서 인정받는 사람이 될 수 있다. 일을 처음 배울 때보다 고수의 경지에 이르면 오히려 일이 더 즐거워지고 일에 대한 고마움이 생긴다. 어려움의 시기를 겪는 사람이 이 책을 읽고 있다면 용기를 내서 다시 한 번 마음을 다잡아보는 계기가 되기를 바란다.

일은 세상을 움직이고 만들어간다. 일에 대해 사색해봄으로써 이 책을 읽는 분의 인생이 긍정적인 에너지로 가득하기를 바란다. 그 에너지는 더 많은 에너지를 재생산하고, 그것들이 모여 더 아름다운 세상이 되길 마음을 모아 기도한다.

손 저환

Part.1

AI 시대에 왜 일하는가?

Part.2

일 잘하는 고수는 이것이 다르다

Part.3

바짝 벌어서 평생 놀 수 있을까?

Part.4

내 일의 가치를 높이는 14가지 질문

Part.5

어떤 사람이 되어, 누구와 일할 것인가

Part. **1**

AI 시대에
왜 일하는가?

세상은 "요이 땅" 하고 바뀌지 않는다

• • • •

"모든 것이 그대로 머무르기 위해서는
모든 것이 변해야 한다."

— 주세페 토마시 디 람페두사 —

고속도로에서 운전을 할 때 요즘 나는 핸들에서 손을 놓고 있을 때가 많다. 자율주행으로 너무 오래 손을 놓고 있으면 '삐삐' 경고음이 울리는데, 2km 정도는 그냥 쭉 가도 '삐삐'거리지 않고 그대로 간다. 어느 정도까지 안전하게 갈 수 있는지 자율주행 모드를 테스트해보기 위해서 처음 핸들에서 손을 놓았을 때는 참 불안했다. 핸들을 잡으라고 언제 경고음을 주는지 신경이 곤두서곤 했다.

그런데 이제는 고속도로처럼 차선이 명확하게 이어지는 곳이라면 손을 떼고 있어도 별로 불안하지 않다. 가끔 돌발적으로 끼어드는 사람이 있어서, 그런 위험 상황이 있을 때는 놀라기도 하지만 그래도 괜찮다. 돌발 상황에 내가 반응하는 것보다 자율주행이 더 완벽하게 반응하는 것 같아서 안전함을 느낀다. 조금 더 발전되면 운전자가 필요없는 완전한 100% 자율주행이 될 것 같기도 하다.

아직까지는 "불안해서 어떻게 자율주행을 타겠어"라는 사람들이 많이 있다. 그렇지만 설득할 수 있는 데이터들이 쌓이면 사람들의 인식은 또 어떻게 바뀔지 알 수 없다. 만약 고속도로에서 인간이 핸들을 잡고 운전하다가 사고 난 비율과 자율주행차가 운전하다가 사고 난 비율을 비교했는데, 후자의 경우가 훨씬 더 낮다면 어떨까? 나중엔 사람들이 다르게 인식하기 시작할 것이다. "아니, 왜 고속도로에서 직접 운전하다가 사고를 냈어. 차가 운전하게 두지." 이런 말이 나올지도 모른다.

게다가 사고난 차량을 운전했던 사람이 65세 이상 고령의 운전자였다면 더욱 비판의 목소리는 커질 것이다. "나이도 있으신데 왜 자율주행을 안 했대?" 마찬가지로 다른 분야에서도 이런 식의 말이 나올지도 모른다. "그 의사는 나이도 있으신데 왜 AI 로봇을 안 쓰고 직접 수술을 했대?"

일의 무기

불과 십여 년 전만 해도 AI가 인간의 일자리를 모조리 빼앗을 것이라는 세기말적 공포가 있었지만, 어느새 지금은 'AI를 어떻게 활용하면 일을 더 효율적으로 수행할 수 있을까', 'AI 시대에 꼭 필요한 능력은 무엇일까'라며 사람들이 적응하기 시작했다. 세상은 갑자기 '오늘부터 AI 시대 출발' 하고 깃발 꽂으면서 바뀌는 것은 아닐 것이다. 사람이 기술을 만들고 기술이 사람을 바꾸면서 서서히 스며들면서 달라져갈 것이다.

과연 AI 시대에 '일'이란 개념은 어떤 모습을 하고 있을까? 지금과는 다를까? 이에 대해서는 확언할 수 없지만, 나이를 불문하고 '일'이라는 것에 대한 본질을 이해하고 있는 사람은 환경이 바뀌어도 변화를 두려워하지 않을 것이라는 점은 확실하다. 앞으로도 수십 년 동안 누군가는 시대 변화에 적응하고, 누군가는 그렇지 못한 채 과거부터 손에 쥐고 있던 '달콤한 꿀 빨기'를 놓지 못하다가 사라져갈 것이다.

AI 시대,
연봉 개념이 무너졌다!

• • • •

> "직원들을 만족시키지 못한다면 직원들이
> 고객들을 만족시키지 못할 것이다."

— 레드 롭스터 —

얼마 전 고속도로에서 문막 휴게소에 들렀다가 깜짝 놀랄 광경을 마주했다. 식당에 로봇 3대가 세팅돼 있고 직원은 딱 한 명밖에 없었다. 그 직원은 접시만 내줄 뿐 요리는 기계들이 다 하고 있었다. 라면부터 김치찌개까지 메뉴도 다양했지만 문제는 없었다.

2030년이 되기 전에 우리나라 고속도로 휴게소는 주방이 모두 로봇으로 교체될 것이라는 이야기가 들린다. 반조리 상태로 재료를 가져와서 익히고 데우는 정도라면 로봇의 움직임을 코딩하는 게 어렵지 않다고도 한다. 기술

일의 무기

발전도 있지만 최저시급이 올라가고 임금 상승이 뒤따르자, 자영업에서도 점점 기계 도입이 이뤄지고 있다.

AI 시대에 사람의 역할은 어디까지이고, 몸값은 어떻게 측정해야 할까? 안경원 경영을 하면서 나는 몸값에 대한 기준이 무너지고 있다는 것을 느낀다. 예전엔 경력을 감안해서 연차라는 걸 인정해주는 연봉 시스템이 있었지만, 지금은 그걸 보장하기가 어려운 시대다. 초보 안경사가 들어오면 최저임금보다는 많이 줘야 하기 때문에 초봉이 220만~230만 원 정도는 돼야 한다. 그런데 5년이 지나고 10년이 지나도 요즘 시대엔 월급 차이가 별로 안 난다. 100만 원 이상 차이가 안 나니까 프로 경력자여도 월급이 초보의 2배가 안 된다. 개인 영세업자가 줄 수 있는 월급엔 한계가 있어서 어쩔 수가 없다. 옛날에는 프로 안경사가 되면 초보보다 2배 이상 4배까지도 받았는데, 지금은 볼 수 없는 모습이다.

경력자의 월급이 높지 않으니까 젊은 직원들은 목표의식이 없다. 이러면 피차 여러모로 힘들어진다. 아무리 열심히 해도 월급이 별로 안 오르면 '내가 굳이 왜 열심히 해야 돼?'라는 생각이 드는 건 당연하다. 목표의식이 없으니 안타깝게도 일에 대한 개념을 장착한 사람은 찾아보기 힘들다. 또 경력직은 그 나름대로 불만이다. '10년 일했는데 이것밖에 못 받아?' 싶어 침울해진다.

그렇다고 사람이 하는 일의 값어치가 높아진 시대 흐름을 탓할 수는 없다. 최저시급을 동결한다고 AI 시대가 안 오는 것도 아니고, 흐름을 막는 것이 좋은 결과로 작용할 것 같지도 않다. 새로운 시대에는 새로운 시스템을 적용하는 것이 맞다고 생각한다. 도대체 직원 몸값을 어떻게 측정해야 할지 고민을 거듭한 결과, 나는 예전 방식을 버리고 새로운 시스템을 고안했다^(자세한 건 <장사 교과서>에 나온다). 그 결과 우리 안경원에서 직원들은 개인 매출에 따라 월급 외에 50만~150만 원 정도 더 받아간다. 매출 목표는 2배로 뛰었지만, 직원들은 매달 받는 금액을 유지하려고 더 열심히 일한다.

개인 입장에서도 AI 시대에 몸값을 어떻게 관리해야 할지는 고민일 것이다. 생계도 해결하면서 자기 가치를 높이려면 일을 처음 시작할 때 일정한 목표를 가져야 한다. 개인 성향에 따라 그 목표는 다르겠지만, 초보 직원이라면 미래를 위해 우선 기술 연마에 중심을 두라고 나는

일의 무기

말하고 싶다. 겉멋에 취해 "이렇게 힘든데 여기서 이 돈 받고 일해야 돼?"라고 말하는 초보라면 곤란하다. 어떤 업종이든 우선 기본기를 갖추고 일해야 몸값을 올리든, 자기 사업을 하든 그 다음 스텝을 밟을 수 있다. 기본기를 갖춘 후에는 목표를 매출이나 수익으로 바꾸고 성과를 냄으로써 몸값을 증명하면 된다.

이런 과정에서 기술의 꼭짓점에 이르는 순간까지 참아내지 못하고 코인이나 주식 같은 것에 눈을 돌리는 사람들이 꽤 있다. 별 노력을 기울이지 않아도 내게 수익을 가져다줄 '한방'을 기대하는 것이다. 금융 투자 자체가 나쁠 것은 없지만 나에게 우선적으로 필요한 것이 뭔지는 생각해봐야 할 문제다.

일로 돈을 벌어본
사람이 떼돈도 번다

• • • •

"돈에 대한 집착이 세상 불행의 절반을 만들어내고,
돈의 결핍이 나머지 절반을 만들어낸다."

— 미국 속담 —

　내가 지금 '일' 이야기를 하고 있다고 해서 주식이나 암
호화폐 코인 투자를 나쁘게 말하고 싶지는 않다. 다만 '일
이란 무엇인가'를 생각해본다면 조금 다른 관점에서 바라
볼 수 있겠다는 생각이 든다.

　어느 시대든 특히 20대엔 "누구는 주식 해서 얼마 벌었
대"라는 말에 혹하기 쉬운 것 같다. "엘리베이터에서 만난
아줌마들까지 주식 이야기를 하면 팔아야 할 때다"라는
투자 격언이 있다. 그만큼 누구나 돈 벌고 싶어 하지만 실
제로는 쉽지 않다. 많은 사람이 초보로 일을 시작하지만

경지에 이르는 사람은 소수인 것과도 같다.

코인에 목돈을 물려 빼도 박도 못하거나 큰돈을 잃었다는 사람이 경험하는 일종의 패턴이 있다. 재미 삼아 비트코인을 샀다가 가격이 오른 걸 보고 너무 놀란다. 신기하고 기분이 좋다. 호기심은 더 커지고 비트코인, 이더리움 외에도 소형주에 해당하는 알트코인에 눈이 쏠린다. 알트코인이 가격 펌핑되는 시기와 운 좋게 맞아떨어져서 10배, 100배 수익을 올린다. 이때 카더라 식 소문은 더 잘 들린다. 돈을 쉽게 번 그 달콤한 경험 때문에 백서(white paper)나 컨셉 따위는 확인도 안 하고 잡코인에 몰빵 투자를 한다. 하필이면 그럴 때 시장은 꼭 하락장이다.

대략 이런 흐름이다. 이때 투자에 실패하는 이유는 이것을 '일'로 보지 않았기 때문이다. 자신의 본업이 있었으면 더욱더 투자를 '일' 개념으로 보지 못한다. 그러나 이 사람은 새로운 일에 도전한 셈이다. 기술을 제대로 익히지 않은 채로 새로운 아이템에 자본을 몰빵했다 날려먹은 셈이다. 한마디로 초짜가 일을 잘 못한 것이다.

상품기획이라는 '일'을 시작한 초보가 있다고 해보자. 우연히 소개로 중국에서 썩 괜찮은 디자인의 신제품을 저

렴하게 들여와 한국 시장에 팔았는데, 이게 짭짤한 수익을 가져다줬다. 이때 이 초보의 머릿속에 '중국의 싼 제품 = 대박'이라는 공식이 섣부르게 자리잡았다. 불행하게도 그는 소비 트렌드를 제대로 공부하지 않고, 중국의 천차만별한 제품 품질을 확인하러 현지 조사도 하지 않은 채 재투자를 거듭하고 말았다. 당연히 결과는 뻔하게도 실패였다.

앞서 말한 코인 투자도 이와 다를 바 없다. 일을 한다고 생각하지 않았기 때문에 투자가 아니라 투기의 행태가 된 것이다. 어찌 어찌 운이 좋아 100배를 벌었다고 해도 그저 운으로 돈을 번 사람들은 꼭 투자금을 더 집어넣는다. 심지어 대출까지 받아서 몰빵을 했는데도, 시장의 흐름을 보기는커녕 '우리는 어떤 코인입니다'라고 설명해놓은 프로젝트 백서조차 들여다보지 않는다. 그래서 친구가 돈 벌었다는 이야기를 듣고 부러움에 사로잡혀서 '코인 투자'라는 '일'을 배우지 않았던 사람은 결국 투자금을 다 까먹는 것이다.

다행스럽게 투자에 돈을 잃어본 후에라도 코인을 공부하고 '내가 왜 돈을 잃었나' 이해하기 시작한 사람은 다시 돈을 벌기도 한다. 스스로 눈치 못 챘을 수도 있지만 이때는 '일'로서 접근했기 때문에 성공하는 것이다. 본업이든 본업이 아니든 일의 경험을 쌓는다는 건 그만큼 중요하다. 또 일로서 돈을 벌어봐야 그 돈이 잘 관리된다. 그렇지 않으면 로또 1등에 당첨돼도 결국엔 불행해진다. 돈을 펑펑 쓰는 나쁜 소비 습관만 생긴 채 전보다 못한 삶을 살 수도 있다.

나는 주식이나 코인 투자를 반대하지 않는다. 다만 젊었을 때는 투자가 본업이 아닌 이상, '자신의 일'을 찾는 것이 먼저라고 생각한다. 일로 5천만 원, 1억 원을 만드는 경험을 먼저 해야 한다. 자신의 일에 안정감이 생기고 돈이 나오는 샘이 완성되면 그때 투자해도 늦지 않다. 그래야 마음놓고 쓸 수 있는 내 돈이 된다.

부동산, 코인보다
더 큰 수익률을 주는 것

. . . .

"적은 일은 짐이고 많은 일은 기쁨이다."

— 빅토르 위고 —

AI 시대에 접어들면서 투자를 '일'로 하고 있는 사람들은 안녕할까? 2024년 어느 날 별다른 이슈가 없는데도 주식 시장이 11%까지 폭락했다. 경험이 많은 전문가들조차 당혹스러워했던 이런 일이 왜 벌어졌을까? 경제적 이슈가 있으면 3~4%씩 폭락하는 경우는 있었지만 별다른 사건 사고도 없이 이런 일이 벌어지는 일은 좀처럼 없었다. 주식 시장은 그동안 서서히 오르고 서서히 내리던 것이 보편적이었다. 그러나 오르면 급하게 오르고 아니면 급락으로 빠지는 현상이 2020년대 들어 자주 반복되고 있다고 한다.

전문가들의 분석을 들어보니, 현재 시장을 장악하고 있는 펀드들이 대부분 알고리즘 펀드라서 그렇다는 것이다. 사람의 결정에 의해서 종목을 사고파는 것보다는 프로그램화되어 기계적으로 사고파는 것이 압도적으로 많다는 이야기다. 대규모 투자를 하는 AI 헤지펀드들은 몇 개의 조건만 갖춰지면 물량을 쏟아내는 경우가 있는데, 그 결과 경제 변수들이 바뀌면서 다른 투자자들을 불러오는 변화를 만들어내 연쇄적으로 반응을 일으키는 일이 잦아졌다고 한다.

투자라는 '일'을 잘하고 있는 사람도 이런 시대의 변화를 파악하고 대응을 잘 해야 수익이라는 열매를 맺을 수 있다. 하물며 '일'이라는 개념조차 없는 사람은 이런 돌발 상황에 멘탈이 흔들리고 넋이 나가고 만다. 그래서 투자보다는 일을 통해서 돈을 버는 경험을 먼저 하라는 것이다. 나는 이것을 '현금(cash)이 나오는 샘'을 만드는 일이라고 부른다. 목돈이 투자에 묶이더라도 현금이 나오는 샘이 있으면 위기를 버틸 수 있기 때문에 괜찮다. 손실이 좀 나더라도 참아낼 수 있고, 기다렸다가 매도 타이밍을 만나면 결국엔 수익을 낸다.

젊은 시절 나와 똑같이 안경업에 종사하던 친구들 중에도 주식으로 돈을 번 사람이 있다. 또 안경원이 잘 돼서 부동산을 샀다가 자산 불리기에 성공한 사람도 있다. 그런 투자 성공의 밑바탕에는 모두 '일'이 있었다. 일을 그만두고 투자에 뛰어든 게 아니다.

여기서 한 가지 생각해볼 것이 있다. 주식을 사든 부동산을 사든 수익을 얻는 것은 단 한 번으로 끝이다^(단타매매가 아니라면 그렇다). 예를 들어 아파트를 사고 매매차익을 얻는다 해도 대부분은 한 채밖에 못 산다. 그런데 나는 주식이나 부동산으로 개인 자산을 늘리는 대신 내가 하는 '일', 즉 안경원 매장에 재투자를 계속 했다. 장기적으로 보면 내게 오는 수익은 훨씬 더 컸다. 꾸준히 반복하다 보니 복리이자처럼 돈이 쌓이고, 거기에 더해 무형의 자산도 늘어났다. 경험이 쌓이며 내 실력도 함께 성장했고, 좋은 거래처와 단골 고객이 점차 늘어나면서 매출도 자연스럽게 증가하게 되었다. 주식이나 부동산으로 돈 버는 확률보다 일해서 돈을 벌 확률이 점점 커져갔다. 나는 큰돈을 기대하며 벤처 창업을 한 대단한 사업가도 아니고 오히려 동네 장사를 하는 사람에 가까웠지만, 본업의 일에 충실히 재투자를 함으로써 현금이 나오는 샘을 만들 수 있었다.

예를 들어 젊은 나이에 스타트업 창업을 해서 성공시키고 회사를 매각해 큰돈을 번 사람이 있다고 해보자. 이렇게 일해서 큰돈을 벌어본 것과 운이 좋아서 주식이나 코인으로 떼돈을 벌어본 것은 똑같이 돈 번 경험이어도 차이가 있다. 전자는 그 경험이 반복될 가능성이 크고, 후자는 그 경험이 반복될 가능성이 낮다. 전자의 경우는 주변 사람들이 "저 사람은 또 성공할 거야"라고 말하지만, 후자의 경우엔 '저 사람이 다음에 100배 수익을 또 먹겠지'라고 생각하진 않는다.

돈 벌면 부동산으로 불리기는
공식인가?

· · · ·

"일은 모든 것을 정복한다."

— 베르질리우스 —

그동안 우리 사회에서 잘 먹고 잘 사는 사람들이 걸어
온 성공 공식 같은 것이 있다. 장사를 하든 사업을 하든
월급을 착실히 모으든, 일단 돈을 바짝 벌어 씨드머니를
만들고 나면 부동산에 저장해놓는 것이다. 특히나 고성
장 시대에는 빚을 내서라도 내 집 마련을 해놓으면 시간
이 흘러 당연하게 집값이 뛰었기 때문에 이건 누구나 아
는 재테크 법칙이었다. 시내 번화가 한복판의 30층짜리
대형 빌딩은 아니더라도 지상 3~7층의 꼬마 빌딩만이라
도 장만하면, 그걸로 노후 대책은 끝이었다.

얼마 전까지만 해도 이것은 누구나 생각하는 당연한

사고 흐름이었다. 실제로 작은 상가 건물이나 다세대 주택만 가지고 있어도, 월세 수입으로 생활이 가능할 만큼 평생 돈이 나오는 화수분을 갖는 셈이었다. 그것이 힘들여 일하지 않아도 돈을 버는 시스템이라고 우리는 생각했다. 그런데 이제는 이런 성공 신화에 금이 가고 있다. 그런 시스템을 만드는 것 자체가 '일'이라는 것을 이해하지 못하면, 빌딩을 살 수 있을 만큼 돈을 번 사람도 노후가 편치 않을 만큼 투자에 실패할 수 있다. 인구가 줄어가는 저성장 시대에 벌어지는 현실이 그렇다.

본업에서 돈을 많이 벌었어도 그 자산을 유지하는 것 또한 '일'이다. 새로 당면한 이 '일'을 잘하는 사람이 있고 못하는 사람이 있다. 자기 사업을 해서 아이템이 대박 나는 바람에 꽤 많은 돈을 만진 사람이 있었다. 그 돈으로 빌딩 투자를 계획하면서 그는 자기 일에서는 이제 그만 은퇴를 해야겠다고 생각했다. 월세를 두둑이 받고 여유로운 생활을 즐길 생각에 행복해하면서 그는 계획을 실행했다. 빌딩 투자니까 당연히 대출은 끼어도 된다고 생각했고, 조금 무리하더라도 규모는 커야 한다고 생각했다. 과연 결과는 어땠을까?

입지도 충분히 연구했고 임대수익률 계산도 잘 했다고 생각했는데, 현실은 녹록지 않았다. 생각지도 못한 공실 때문에 대출이자를 메꾸는 것이 힘겨워지기 시작하더니 점점 비용 부담이 커졌다. 해결책을 찾지 못한 채 시간은 점점 흘렀고 그는 버티지 못하고 빌딩을 다시 내놓기로 했다. 이때 금세 새로운 빌딩 주인이 나타났다면 그나마 다행이었겠지만 그조차 여의치않았고 빌딩은 결국 경매로 넘어갔다.

이 사람의 빌딩 투자에서 가장 큰 문제는 하던 일을 그만두었다는 것이다. 그것이 대출이자가 힘겨웠던 결정적인 이유다. 먹여살려야 할 처자식이 없는 50대의 싱글이었으니 본업을 놓지 않았다면 버티기가 힘들긴 해도 어렵지는 않았을 것이다. 처참하게도 살던 집까지 내놓고 나니 그가 대박 아이템으로 벌었던 돈은 이미 사라진 지 오래였고 남은 건 잘못 생각했다는 후회뿐이었다.

이제는 꼬마 빌딩만 가지고 있어도 가만히 앉아서 노후를 보장받을 수 있는 시대가 아니다. 10대, 20대, 30대들이 많이 몰리는 동네가 아닌 이상 요즘 서울의 웬만한 골목에서는 상가가 비어 있거나 손님이 없어서 한산한 매장들을 자주 목격할 수 있다. 평균연령이 45세가 넘어가는 지금 시대에 어쩔 수 없는 변화다. 빌딩 사서 노후를 보내겠다는 것은 임대사업자로 직업을 바꾸겠다는 것과 같음을 인지해야 한다. 상가 임대사업자라면 입지와 상관없이 장사를 잘할 수 있는 임차인을 유치할 능력을 갖춰야 한다. 그래야 일 잘하는 임대사업자가 되는 것이다.

단계를 건너뛴 성공은
뒤끝이 좋지 않다

. . . .

"절반만 한 것이나 절반만 알게 된 것은
결코 제대로 한 것도 아는 것도 아니다."

— 체스터필드 경 —

20대는 사회에 나와 배우고 30대는 실전을 쌓아야 한다는 것은 그동안 우리 사회에서 기본 설정값이었다. 그런데 이것을 받아들이고 싶지 않은 사람들이 있는 것 같다. 일을 하기보다 코인이나 주식 같은 것으로 한방에 돈을 벌 수 있다면 그걸 선택하겠다는 사람들이 많다. 진짜 심각한 점은 일은 제쳐두고 한방을 찾는다는 것이다. 빨리 돈을 벌어서 빨리 아무것도 안 하고 그냥 편하게 살고 싶다는 희망을 품기 때문이다. 0과 1만 왔다 갔다 하는 알고리즘처럼 옵션 1, 2, 3을 고려하지 않는다. 그런데 과연

일의 무기

그런 일이 존재할까?

남들이 주식이나 코인으로 "벌었다"고 하면 너무 쉽게 보이고 돈이 만만해 보인다. 그러나 아직 자신이 단단해지지 않았고 숙성되지 않았을 때 떼돈을 벌면 유지를 못한다. 로또에 당첨돼서 갑자기 50억 원이 생겼다고 해보자. 누군가는 당장 회사부터 그만두고 그 돈을 쓰기에 바빠진다. 또 누군가는 여전히 하던 일을 계속하면서도 마음이 든든해져 생활에서 일에서 훨씬 여유로운 사람이 된다. 결정적으로 주변 사람들은 그가 로또에 당첨된 걸 아무도 모른다. 똑같이 50억 원이 생겼지만 두 사람의 미래는 결코 같지 않을 것이다.

장사가 잘 될 때도 마찬가지다. 그 잘 되는 이유였던 가치는 시간이 지날수록 자꾸 쇠락하기 마련이다. 인생은 원래 변수가 많다. 그건 절대 변하지 않는 사실이다. 여러 가지 변수를 생각하는 사람은 오늘 벌어 오늘만 살지 않는다. 반면 쉽게 돈을 벌던 사람은 대개 변화를 감지하지 못한다. 예를 들어 경쟁업체가 생겨서 손님을 뺏기고 있는데, 늦게서야 상황 파악을 한데다가 대책도 세우지 못하는 경우가 흔하다.

돈을 벌고 싶다면 돈의 속성을 제대로 볼 수 있어야 한다. 돈은 뭉쳐지면 큰돈이 되는데 흩어지면 푼돈이 된다. 열심히 장사해서 매장에 손님이 모이기 시작했는데 돈을 버는 족족 사장이 쓰기 바쁘다면, 밥을 짓는데 뜸을 들이지 않고 먹는 것과 같다. 지금 먹으려 하면 설익은 밥이 될 것이며, 뜸을 더 들이면 맛있는 밥을 먹게 될 것이다. 기다릴 수 있어야 진짜 밥이고 진짜 내 돈이다.

　빨리 쉽게 번 돈은 빨리 나가기 쉽다. 너무 빨리 돈을 벌면 돈의 가치를 모르기 때문이다. 내가 일하는 업종에서도 돈을 일찍 만진 선배들은 뒤가 좋지 않았다. 안경광학과를 졸업하자마자 1~2년 사이에 안경원을 오픈하고 일찍부터 돈을 만진 선배들이 분명 꽤 있었는데, 30여 년이 지난 지금 시점에서 다시 살펴보면 돈을 벌었다는 사람을 찾아보기가 힘들다.

　처음 시작할 때 차별적 우위를 가졌던 곳도 성숙한 시장이 되면 점차 차별성을 잃어간다. 그래서 잘나가는 상태를 유지하고 싶다면 재투자를 하고 일을 벌여야 한다. 아무 변화 없이 일이 계속 잘된다는 건 없다. 누군가 계속 잘 되고 있다면 시대 변화, 시장 변화를 주목하고 자기 사업에도 변화를 주려고 투자를 했기 때문이다. 세상은 항상 변하고 시장도 항상 변한다.

　내가 안경사 국가고시를 볼 때 대학을 갓 졸업한 1,365명의 선후배 안경사들이 있었다. 그중 50대를 지나 환갑을 앞둔 지금의 시점에, 나처럼 대형 매장을 하면서 자신의 가치를 인정받으며 성공했다고 말할 수 있는 사람은 많지 않다. 내가 성공적으로 매장을 운영하면서 복리로 자산을 늘릴 수 있었던 이유는 남들과 달리 계속 일에 재투자했기 때문이다.

'빨리' 성공하고 싶다면
압력을 견뎌야 한다

• • • •

"단연코 인생이 주는 최고의 상은
할 만한 가치가 있는 일에서 온 힘을 다할 기회다."

— 시어도어 루즈벨트 —

로봇과 AI가 이슈이기 때문인지는 몰라도, 우리 사회 한쪽에서는 스피드에 미쳐 있는 것 같은 사람들이 있다. 고학력자 출신들도 '빨리' 돈 벌고 '빨리' 성공하고 싶다는 생각에 잠식당한 것처럼 보인다. 나는 "빨리 하면 안 돼"라고 주장하고 싶은 것은 아니다. 시대가 바뀌니까 빨리 성과를 내야 한다는 건 이해할 수 있다. 빠르다고 나쁠 것도 없다. 그러나 그 빠름 안에서 거쳐야 할 단계는 다 밟으면서 빨라져야 한다. 빠르게 하기 위해서는 기계의 힘을 빌려야 할 때도 있을 테지만, 그 과정에서 거쳐야 할

일의 무기

단계가 제대로 이뤄지는지는 사람이 관리해야 한다. 그것이 AI 시대에 우리가 해야 할 일이다.

이건 밥 짓는 과정에 비유할 수 있다. 옛날에는 가마솥에다가 밥을 지어야 했다. 그러면 1시간이 족히 걸렸을 것이다. 아궁이에 불을 지피고 땔감을 계속 집어넣으면서 불 조절을 해야 했다. 그러다가 기술이 발전해서 압력밥솥이라는 게 나왔다. 속도가 빨라졌고 40분 정도면 밥을 지을 수 있게 되었다. 땔감은 필요없지만 그래도 가스불 조절은 해야 했다. 뜸을 들여야 하기 때문이다.

그리고 기술은 더 발전했고 전기밥통이 나왔다. 가스불 조절은 필요없어졌지만 이 기계가 뜸을 들이는 과정을 생략한 건 아니다. 여전히 기계의 작동 과정에 포함되어 있다. 사람은 그래도 여전히 쌀을 씻어서 물 조절을 해야 하고 뜸 들이는 과정을 기다렸다가 주걱으로 한 번 뒤집어줘야 맛있게 밥을 먹을 수 있다. 기계화로 빨라졌지만 밥이 되어가는 과정은 똑같다. 단계가 생략되면 안 되는 것이다. 전기밥통에 쾌속취사 기능이 나와도 마찬가지다. 이제는 20분 안에도 밥을 할 수 있지만, 그래도 단계는 생략되면 안 된다. 그게 진짜 밥이다.

시대가 바뀌고 속도가 빨라졌다고 해서 해야 할 일이

바뀌는 것은 아니다. 일이 되어가는 과정을 장악해서 주도하지 못하면 급한 마음에 단계를 생략하려고 할 수 있다. 그러나 이것이 문제로 이어진다. 속도를 빠르게 하는 압력이라는 수단이 있어도 일단은 100도까지 온도를 올려야 물이 끓는다. 기다리기 싫다면 압력을 2배로 높이면 된다. 빠른 게 나쁜 것이 아니라 2배의 압력을 견뎌내면 되는 것이다. 그리고 나서도 뜸은 들여야 한다.

MZ세대들이 끈기가 없고 개인주의 성향이 강하다는 지적을 하는 사람들이 많다. 그러나 미래는 불투명하고 더 이상 자신을 보호해주지 않는 사회에 적응한 것이라고 말하는 사람도 있다. 그 와중에도 MZ세대 중 어떤 아이는 그 압력을 견뎌내고 자신만의 길을 찾는다. 대다수 아이들이 편한 걸 찾을 때, 누군가는 압력이라는 힘든 과정을 견뎌내고 높은 자리로 올라간다.

세상은 생략이 있었던 적이 없다. 빨리 할 수는 있지만 단계를 건너뛸 수는 없다. 압력을 버티지 않고 20분 안에 밥을 먹고 싶다는 것은 도둑놈 심보다. 대신 각 단계를 제대로 거쳐간 사람들은 고수가 될 수 있다. 나이와 상관없이 고수들은 서로 통하는 게 있다. 모든 과정을 거치면 남

일의 무기

들은 갖고 있지 않은 '어떤 것'을 가지게 되는데, 단계를 건너뛰려는 사람들은 경험하지 못했기 때문에 알 수 없는 '어떤 것'이다.

일이란 곧
돈을 말하는 것일까?

• • • •

"우리는 소유하기 위해 일하는 것이 아니라
진정한 자신이 되기 위해 일한다."

― 앨버트 하버드 ―

    인생은 돈이 있으면 수월해진다. 돈이 없어서 할 수 없었던 일들을 돈이 있으면 제약 없이 시도해볼 수 있다. 그러나 인생이 다다라야 할 궁극의 목적지는 돈이 아니기 때문에, 돈밖에 없는 인생은 불행하다. 일을 하는 것은 돈을 벌기 위해서이기도 하지만, 자신의 가치를 증명하기 위해서다. 일을 하면 돈도 벌지만 내 가치도 벌 수 있다. 그러나 돈만 쫓아가면 내 가치를 벌 수 없다. 일에서 아직 초보라면 돈을 좀 적게 벌더라도 세상이 나를 평가해주는 가치를 선택하는 것이 우선적이어야 한다. 그러면 결국

일의 무기

그 일을 통해서 나의 가치를 발휘하면서 돈까지 벌 수 있다.

내가 사회적으로 가치 있는 일을 하고 있으면 세상 사람들이 나를 다르게 평가한다. 우리 안경원 건물은 3층으로 돼 있는데, 손님들이 들어오면 1층에서 직원들과 먼저 상담을 한다. 그때 이구동성으로 하는 말이 있다. "어, 대표님이 직접 나와 계시네요?" 이것은 현재 일에 대해 우리나라 사람들이 공통적으로 갖고 있는 의식을 보여준다. 내 일자리에서 정상적으로 일을 하고 있을 뿐인데 그걸 높이 평가하는 것이다. 칭찬받을 일이 아닌데 이런 말이 왜 나오는 걸까?

그만큼 사람들의 일에 대한 인식이 잘못 흘러가고 있다. 어딜 가나 장사가 잘 되고 있는 대형 매장에서는 사장이 없고 직원들만 일하고 있다. 사장이 자기 자리에 없다는 건 사장이 자기 일을 하지 않고 남에게 미뤄뒀다는 뜻이다. 내가 매장에 나가 일을 하는 것은 지극히 정상적인 일이다. 특히나 안경 피팅과 기술을 중요하게 생각하는 우리 안경원의 특성상 더욱 그렇다. 오히려 "돈 좀 벌었으니까 일은 안 해도 돼"라며 사장이 일에서 손을 놔버리는 것이 비정상이 아닐까.

내가 아직도 일하고 있는 것에 대해 사람들이 높이 평가하는 것은 '저 사람이 벌 만큼 벌었구나' 생각하기 때문이 아니다. 일에서 가치를 느끼기 때문이다. 부자들은 많이 있지만, 일의 가치를 유지하고 있는 부자는 생각보다 많지 않다. 워런 버핏을 한탕주의자라고 욕하는 사람은 아마 없을 것이다. 투자라는 자기 '일'을 잘해서 성공한 사람이기 때문이다.

너무 돈만 벌기 원하는 사회가 되면 천박한 사고가 퍼진다. 부모가 자녀에게 먼저 "그 회사는 무슨 일을 그렇게 시켜. 뭐 하러 그렇게까지 일하니?"라고 해버리면 새로운 세대는 일에 대한 건강한 사고에서 멀어지고 점점 돈만 쫓을 것이다. 사회적 병리 현상은 그렇게 생겨나는 것이 아닐까 싶다. '일을 한다'는 '돈을 번다'와 일치하는 개념이 아니다. 100% 같지는 않는 이야기다. 이걸 공식으로 만들어보면 다음과 같다.

일 = 돈 + 나의 가치

스포츠에서도 마찬가지다. 운동선수들이 스포츠의 가치를 제껴두고 돈만 추구하면 겉멋만 든 티가 난다. 비인기 종목이라고 해도 자기와의 싸움을 치열하게 해낸 선수는 다른 사람이 보기에도 가치가 느껴진다. 일의 가치를 추구하니까 돈과 명예가 따라오는 모습이다.

똑같은 일을 하고 있지만, 그것을 노동으로 보는 사람이 있고 돈으로만 보는 사람이 있고 진짜 가치를 보는 사람이 있다. 일에 의미와 가치를 부여할 수 있는 사람의 특징은 지치지 않는다는 것이다. 목표와 가치 추구가 있으면 회복탄력성이 좋아서 지칠 수가 없다. 그렇지만 돈을 목적으로 하면 돈이 생겼을 때 일을 놔버린다. 일을 어쩔 수 없이 시켜서 하는 일이라고 생각하면 쉽게 지친다.

MZ세대들이
대충 살려고 한다고?

• • • •

"사람을 존경하라.
그러면 그는 더 많은 일을 해낼 것이다."

— 제임스 오웰 —

"요즘 젊은 것들은 싸가지가 없어"라든지 "요즘 젊은 것들은 약해빠졌어"와 같은 말을 자주 하는 사람들이 있다. 유사어로는 "라떼는 말이야"가 있다. 나도 가끔은 "라떼는"을 말한다. 과연 MZ세대들은 퇴보된 자들이며 무조건 나쁘기만 할까?

MZ세대들이 일하는 현장에서 개인주의적 성향을 보이고 대체로 일에 대한 열정이나 호기심이 예전 세대에 비하면 덜한 것도 사실이긴 하다. 그러나 "요즘 젊은 것들은"이란 말이 나오는 것은, 시대는 언제나 변해가며 그 변화에 아이들은 적응하고 있지만 기존 세대는 과거에 머물러 있다는 뜻이기도 하다. 팩트가 어쨌든 "라떼는 말이야"에 젊은이들이 "꼰대"라고 응수하는 것은 현실과의 괴리감을 느끼기 때문일 것이다.

시대가 변하는 것은 젊은이들 탓이 아니다. 오히려 기성세대가 만들어낸 것들의 부산물이 시대 변화다. 그런데 그 시대 변화를 젊은이들은 알지만 과거 세대는 잘 모른다. 그 상황에서 "라떼는"을 시전하며 우위에 서려는 시도가 느껴지면 아이들은 거부감부터 든다.

2024년 파리 올림픽을 보면서 어느 세대라도 프로는 있다는 걸 실감했다. 배드민턴의 안세영 선수를 보며 특히 그랬다. 요즘 아이들은 "잔말 말고 시키는 대로 해"라며 하극상이라는 프레임으로 윽박지르는 것이 통하지 않는다. 똑똑하고 당당한 아이들은 공정과 상식과 정의로움을 중요하게 여긴다. 점점 계급화되는 사회에서 그것마저 없으면 생존을 위협받기 때문에 목숨처럼 여긴다.

마찬가지로 경영에서도 이제는 투명경영을 해야 한다. 예전에는 장사하는 매장에서 이중장부 쓰고 매출도 숨기고 비리가 만연했다. 그러나 지금 아이들은 세금 아낀다고 탈세하는 걸 그냥 두고 보지 않는다. 나쁘다고 생각하면 다 찔러버린다. 그건 젊은이들이 만들어내는 좋은 시너지라고 나는 긍정적으로 생각하고 싶다. 지속 가능한 건강한 사회로 바뀌기 위해 한 번쯤은 거쳐야 할 일들이다. 썩어빠진 관행에는 점점 균열이 더 생길 것이고 기성세대는 이제 변화를 받아들여야 한다.

젊은 직원들이 공정성을 원하면 나 또한 원칙대로 경영해야 한다고 생각한다. 다만 투명하고 공정한 것이 일방적이면 안 된다. 예를 들어 공정성을 원하면서 퇴사할 때 실업급여는 타게 해달라고 하면 그건 앞뒤가 맞지 않는다. 많은 직원들이 자발적으로 퇴사하면서도 회사에 "실업급여 받을 수 있게 권고사직으로 신고해 달라"고 요구한다. 회사 돈이 나가는 것도 아니니까 "그냥 권고사직으로 해줄게"라는 관행이 사회에 만연해 있기 때문이다.

나는 FM대로 하는 것을 원칙으로 삼은 지 꽤 됐기 때문에 이걸 거절한다. 그런데 가끔 말이 나오는 경우가 있다. "대표님 이런 건 해주셔야죠. 다른 곳도 다 해주는데요"라며 불만을 표시한다. 거절하면 "자기 돈 나가는 것도 아니면서 피도 눈물도 없는 야박한 놈"이라고 다른 데 가

일의 무기

서 욕을 한다. 나도 좋은 사장이 되고 싶지만 들리는 이야기는 "정 없는 놈"이다. 사회 전체가 모순 덩어리 같아서 참 씁쓰레하다.

한번은 새로 들어온 직원이 열심히 해보겠다고 해서 매뉴얼을 주고 교육을 시켰다. 개인 교육을 3일 동안 했는데 그 다음날부터 출근을 안했다. 아무 연락이 없어서 의아해하고 있었는데, 갑자기 노동청에서 연락이 왔다. "왜 3일치 월급을 안 줬어요?"라고 하는데 황당하기 이를 데 없었다. "계속 온다 안 온다 말도 안 했는데 퇴사 의사를 어떻게 알고 제가 월급을 줍니까?" 대답을 하면서도 참 놀라울 따름이었다.

인간으로 남을 것인가,
잉여인간이 될 것인가?

・・・・

"사람은 누구나 주어진 일과 원하는 것이 있다.
비록 보잘것없을지라도."

— 윌리엄 셰익스피어 —

농업혁명, 산업혁명 등 인류가 겪었던 그동안의 시대
변화는 주로 인간들끼리의 변화였다. 그러나 이제는 인간
외적인 것, 즉 AI가 인류의 환경을 변화시킬 것이 확정적
이다. 인공지능은 인간을 흉내냈지만 일부 기능이 인간을
뛰어넘는 존재이며, 좀 다르게 표현하면 인조인간이다.
이제는 노동 시장에 인조인간이 등장한 것이다. 더군다나
사람들은 이제 점점 더 힘들고 어려운 일을 하려고 하지
않는다. 그렇다면 시대 변화는 어떻게 사회 환경을 바꿔
가게 될까?

노동 현장을 구조적으로 살펴보면 혼자 자기 돈을 버는 사람이 있고, 고용해서 일을 시키는 사람과 그 밑에서 남의 돈을 벌어주는 사람이 있다. 그중에는 능력이 없어서 일을 잘 못하는 사람도 포함돼 있다. 대한민국을 5천만 명으로 봤을 때 노동자들의 수가 2천5백만 명 정도로 절반이라고 한다. 피라미드 구조로 살펴보면, 옛날에는 자기 돈을 버는 사업가가 제일 위에 있어서 포지션이 좁았다. 중간은 넓고 가장 아래는 다시 좁아지는데, 사회적으로 남의 돈으로 사는 사람들이다. 장애인 지원금을 받거나 배급을 받는 노숙자 등 사회적 약자들이 가장 아래에 존재한다.

그런데 AI가 생활 깊숙이 들어오면 중간 포지션에 있는 노동자들은 어떻게 될까? 노동자들이 일을 하기 싫어하면 AI, 즉 인조인간에게 점점 일자리를 뺏기게 된다. 사실 일할 사람이 많으면 개발비도 많이 드는 AI를 만들 필요가 없다. 그렇지만 불만만 많고 일은 제대로 하지 않는 사람들 때문에 기업가들이 스트레스를 받으면, 인간을 인조인간으로 대체하는 현상은 가속화될 것이다.

이때 중간의 노동자들은 위로 올라가기가 힘들어진다. 경험이 쌓여야 자기 돈을 버는 창업으로 넘어가기도 쉬운

데, 인조인간에게 경험치를 뺏기면 기회도 없어진다. 예전엔 산업 변화가 있을 때 인간이 다른 인간을 대체했는데, 이제는 그게 깨져버렸다. 위로 올라가지 못한 노동자들은 결국 인간 대신 자리잡은 인조인간의 밑으로 들어갈 수밖에 없다. 신체적 장애가 없는데도 경제활동은 하지 않고 배급을 받아 살아가는 인간 계층이 생기는 것이다. 모습은 인간이어도 먹이를 제공받는 애완동물과 다를 바 없는 일하지 않는 인간이다.

AI의 상용화에는 기술 발전보다 사회적 합의가 더 필요하다고 보는 것이 맞다. AI가 등장할 것이냐, 언제 등장할 것이냐 하는 문제보다 주목할 부분은 '왜 AI가 등장했는가'이다. 노동의 질이 떨어지면 인조인간으로 대체하고, 피라미드 위에 있는 사람은 그로 인해 돈을 더 벌게 될 것이다. 그래서 AI산업과 기본소득은 한 묶음의 이슈라고 봐야 한다. 오픈AI의 샘 올트먼(Sam Altman) CEO는 미국 텍사스 주와 일리노이 주에서 '기본소득' 실험을 3년간 진행한 바 있다.

대한민국 노동 현장에서도 사람이 필요한 고용주들은 고민이 많다. 일할 사람이 없어서다. 건설 현장만 봐도 나이 많은 관리자들이 현장에서 뛰고 있다고 한다. 젊은 노동자는 없고 외국인은 어쩔 수 없이 쓰지만 일의 효율이 안 나오니까 옛날부터 일하던 나이 많은 관리자들이 현장을 지키고 있는 상황이라는 것이다. AI로 대체되기 직전의 마지막 과정 같아 보인다.

미래로 가는 판은 짜여 있고, 그 속에서 일거리가 늘어날 것 같지는 않다. 줄어든 일자리에서 아이들은 박터지게 싸우다가 소수의 사람을 제외하면 올라가지 못하고 떨어질 것이다. 이 상황에서 우리는 일의 의미는 물론 인간 존재의 의미까지 고민하지 않으면 안 된다. 일은 가치를 증명하는 수단이고, 일이 없어지면 내 존재의 가치도 없어질 것이기 때문이다.

AI로 대체할 수 없는
일은 무엇인가?

• • • •

"새로운 일을 시작하는 용기 속에 당신의 천재성,
능력, 그리고 기적이 모두 숨어 있다."

— 요한 볼프강 폰 괴테 —

우리 안경원 손님 중에 하버드대를 졸업하고 대기업에서 AI 관련 일을 하는 사람이 있다. 얼마 전 그는 미국에서 4배의 연봉 제의를 받았다고 한다. 2배의 연봉이라면 고민 없이 "노(no)" 하겠는데 4배를 제안하니까 고민이라고 했다. 미국 물가가 2배인 걸로 간주해도 4배면 고민이 안 될 수가 없다. 게다가 재택근무를 해도 좋다고 했단다.

서점에서 AI 관련 책들을 사서 읽어봐도 궁금증이 채워지지 않았던 경험을 떠올리면서 나는 그에게 견해를 물었다. "어떤 것들이 AI로 대체될까요?" 그랬더니 "사회적 합의점이 가장 문제겠죠. 보서야 할 건 패턴입니다. 패턴이 있는 직업은 무조건 없어질 겁니다"라고 한 마디로 포인트를 짚어주었다. 기술 구현은 이미 가능하지만 도덕적으로 사회적으로 어떻게 바라볼 것인지가 남았다는 그에게 다시 물었다. "그러면 어떤 게 살아남을까요?"

그의 대답은 "손기술만 살아남는다"는 것이었다. 웬만한 기술들은 AI가 다 할 수 있고 아주 세밀하고 디테일한 것도 만들 수가 있는데, '경제성이 있는가' 하는 문제를 해결해야 하기 때문이다. 사람이 했을 때의 경제성과 로봇 개발비를 따졌을 때의 경제성을 비교해보고, 로봇이 낫다면 투자하고 사람이 하는 게 더 편하면 접는다는 것이다. 아주 예민한 부분도 못하는 건 아니지만, 경제성이 떨어진다면 개발은 안 이뤄질 것이다.

안경업으로 이야기하면 손기술로 하는 피팅은 AI로 대체하기에 가장 어렵다. 손님 한 사람 한 사람의 얼굴형에 안경을 맞춰야 하니까 기계보다 사람이 감각으로 하는 것이 더 편할 수 있다. 개개인에 맞춤(customizing)으로 작업하는 일은 사람이 직접 하는 쪽이 효율적일 수 있다. 패턴화하기에 경우의 수가 너무 많다면 자동화가 상대적으로 힘들다. 그렇지 않고 루틴하게 반복하기 쉽다면 자동화된 AI가 일을 가져갈 것이다.

AI 자동화로 없어질 직업으로 의사, 회계사 등이 자주 꼽히곤 한다. 의사는 학회가 매뉴얼을 정해놓으면 그대로 상황에 맞춰 정형화된 처방을 매칭하는 기술직이라고 해석하면 그럴싸하다. 패턴화가 가능하므로 꼭 필요한 의사 수가 줄어들 수 있다.

"트럭 운전은 이제 자율주행했으면 좋겠어." 도로에서 트럭 운전에 위협감을 느껴본 사람들은 이렇게 이야기할 수 있다. 새로운 운전수는 더 이상 안 뽑고 일하려는 사람도 없으면 사회적 합의는 쉽게 이루어지고 변화는 빠르게 올 것이다. 각 분야에서 혁명은 어디서든 일어날 수 있고 기하급수적으로 침투할 것이다.

일반인의 운전에서도 마찬가지다. 급발진 사고를 조사해보니 급발진이 아니라 가속 페달을 밟았던 고령자 운전이 많았다는 통계가 있다. 만약 무인 자율주행으로 했더니 65세 이후의 운전자가 사고를 낸 비율이 줄었다면 어떨까? 데이터가 쌓이면 인식은 바뀌고 여론도 바뀔 수 있다. 실제로 앞으로 3~10년 이내에 전세계 고속도로에서 자율주행 전용차로, 자율주행 전용도로 등이 생겨날 전망

일의 무기

이다.

　빌 게이츠 마이크로소프트 공동창업자는 2024년 세계
경제포럼(WEF)에서 "인간이 생활비를 벌기 위해 그렇게 열
심히 일하지 않아도 되는 세상이 올 것이다. 아마도 주 3
일만 근무해도 괜찮을 것이다"라는 주장을 했다. 자신이
운영하는 팟캐스트에서는 "AI 기술이 미래 거의 모든 분
야를 지배할 것이다"라고도 했다. AI 물결에 저항할 수 있
는 얼마 안 되는 직업으로 그는 AI 설계자, AI 운영자 외
에 에너지, 생물학 관련 전문가와 기업가 등을 꼽았다.

평생 일을
안 해도 되는 사람

. . . .

"성장하지 않으면 죽어갈 것이다."

— 마이클 아이스너 —

급격한 변화가 예고된 시대에 왜 일을 해야 하는지 생각해본 사람과 그렇지 않은 사람은 다를 수밖에 없다. 사회 초년생이 무슨 직업으로 어떤 업종에서 일할 것인지 선택할 때도, 경력자가 이직을 할 때도 생각을 정리해본 사람은 실행이 수월해질 것이다.

일에 대한 기준은 사실 나이에 따라 바뀐다. 일의 의미는 20대와 30대에게 다르게 다가온다. 결혼을 했을 때와 안 했을 때, 젊었을 때와 나이 들었을 때가 다르다. 살아가면서 바뀌기도 하지만, 또 개인에 따른 상황과 환경에 따라 바뀌기도 한다.

"너희 아버지 돈 많고 잘 사는 부자라면 일 안 해도 돼."
신입 직원들에게 처음 일을 가르칠 때 나는 이렇게 말한
다. 부모님이 쓸 만큼 다 쓰고 돌아가셔도 내가 물려받을
유산이 있고, 또 그것으로 평생 일 안 하고 죽을 때까지
쓸 수 있다면 "일을 해야 한다"고 설득하기는 어렵다. 괜
히 포장해서 말하고 싶지는 않다. 더군다나 백 살까지 살
수 있는 위험을 커버할 재산이 있다면, 물려받은 유산을
쓸 만큼 쓰고도 자식에게 재산을 남겨줄 수 있고 또 그 자
식이 평생 일 안 하고 먹고살 수 있을 정도로 유산을 물려
줄 수 있다면 일은 안 해도 된다.

그렇지만 이게 안 되는 사람이라면 당연히 열심히 일
하며 살아야 한다. 먹고살아갈 돈을 벌고 자신의 존재 가
치를 인정받고 자녀들에게 세상을 살아가는 본보기를 보
여줘야 한다. 일의 의미를 생각해본다는 것은 세상을 살
아가는 기준을 세워간다는 뜻이기도 하다. 자식까지 쓰고
죽을 돈이 충분히 있었다면 나라도 젊은 시절에 일을 안
했을 것 같다. 사람은 믿는 구석이 있으면 행동으로 옮겨
지지 않기 때문이다. 그래서 나오는 말이 헝그리 정신이
다.

실제로 신입 직원들 중에 부모님이 잘 사는 경우는 좋

아 보이는 일만 하고 힘들어 보이는 일은 안 하려는 경향이 있다. 한 마디로 쉽게 가고 싶은 것이다. 그런데 일이란 어려운 걸 해보지 않으면 늘지 않는다. 경력직인데 그동안 해왔던 일의 내용은 단순하다면, 변수에 대처할 수 없고 옵션을 만들어내지 못하는 어설픈 사람일 뿐이다. 과연 평생 일을 안 해도 먹고살 수 있는 재산을 갖고 있는 사람은 얼마나 될까? 재벌 2세, 재벌 3세인데도 직함을 가지고 계속 일하는 사람은 왜 그럴까? '일'의 의미를 생각해봐야 하는 것은 거의 모든 사람이 해당한다고 봐도 될 것이다.

얼마 전에 가족 행사에서 사촌누나의 딸을 오랜만에 만났다. 이 조카는 이제 갓 마흔이 되었는데 결혼했지만 아이는 낳지 않기로 했다고 한다. "우리는 자식 낳고 힘들게 안 살기로 했어요" 하는데, '딩크족이 실제로 가까이에 있었구나' 싶어서 세대 차이를 실감했다.

비혼이나 딩크(Double income, No kids)인 사람들은 대부분 자신의 선택에 확신을 갖고 있다. 자기 기준이 정해져 있어서 그들은 일도 열심히 한다. 다만 그들에게 결핍돼 있는 것이 하나 있다면 '연속성'이다. 아이는 하나하나가 새로

일의 무기

운 우주다. 그래서 세 살 먹은 아이한테도 배울 점이 있다는 말이 나오는 것이다. 자식을 낳은 사람들은 유대감도 생기고 인생이 숙성되고 깊어지는 경험을 할 가능성이 높다. 힘들게 아이를 안 키워도 되니까 잘 먹고 편히 살다 가면 끝일 것 같지만, 사실 '끝'이란 건 없다. 지금은 편해도 시간이 지날수록 편하지가 않다. 결국엔 인생에서 또 다른 문제를 만나게 된다.

일이 돈만으로 설명이 안 되는 이유는 인생이 돈만으로 사는 것이 아니기 때문이다. 생명은 끈처럼 이어지는 것이 순리이며, 일에서 고수의 경지에 이른 사람들은 끝이 없음을 이해하는 사람들이다.

왜 힘든 일을
계속해야 하는 거지?

• • • •

"모든 것은 흐름 속에 있으며,
모든 것은 계속 변화한다."

― 헤라클레이토스 ―

　우리 회사는 무극안경, 아이데코, 꼼꼼안경 등의 프랜
차이즈 브랜드를 여럿 보유하고 있는데, 내가 가장 처음
으로 만든 브랜드는 2009년에 시작해 대구 경북 지역을
중심으로 퍼진 무극안경이다. 브랜드 이름에까지 붙이게
된 무극(無極)이라는 말은 스물일곱살 무렵에 알게 되었다.
　'왜 이렇게 힘든 일을 해야 되는 거지? 왜 살아야 하나?
앞으로 내 인생은 어떻게 변할까?' 그 무렵 나는 인생에
대해 많은 것들이 궁금했다. '왜?' '왜?' '왜?' 끊임없이 물었
고 답을 찾길 원했다. 그러다 보니 동양철학을 공부하기

　　　　　　　　　　　　　　　　　　일의 무기

에 이르렀고, 무극의 원리를 알게 되었다.

무극이란 말을 그대로 풀면 '끝이 없음'을 뜻한다. 무극의 기본 원리는 균형과 조화이며, 그것은 동양철학의 기본이다. 우주의 본체를 동양철학에서 태극(太極)이라 하는데, 하늘과 땅이 분리되기 이전에 세상 만물의 근원이 되는 원시 상태가 태극이다. 그리스 철학으로 하면 카오스(chaos)와 비슷하다. 무극이란 태극의 맨 처음 상태를 이르는 것이다.

무극은 균형과 조화를 이루면서 존재하는 기본적인 힘이라서 자연과 인간 모두에게 적용되는 원리다. 이 세상 만물은 균형과 조화에 의해 움직이며, 인생은 순리대로 살면 모든 것이 순조롭게 돌아간다. 어긋난 것처럼 보이는 것도 결국엔 돌고 돌아 제자리로 돌아온다. 모든 현상과 사물은 무극의 원리에 따라 생성되어 다양한 형태로 변화한다. 여기서 변화는 끊임없이 이루어지며, 그 변화는 자연스러운 순환의 일부라서 모든 생명체는 물론 무생물에도 적용된다.

육아에 이것을 적용해보자. 부부에게 아기가 생겼을 때 그들은 마치 천하를 얻은 것 같은 기분이 든다. 실제로 아이는 하나의 우주와 다름이 없다. 아이를 키우는 건 물론 아주 힘이 들지만 그 존재는 희망이 되고 미래가 된다. 걸음마를 하고 뛰어다니고 한글을 떼면서 "잘한다 잘한다"를 아낌없이 외친다. 아이가 초등학교에 들어가고 혼자서 등하교를 하기 시작하면 마치 다 키워놓은 것 같다. 그러나 학원을 다니기 시작하고 중학교에 들어가고 진로를 고민하면서 부모는 고등학교 입시를 함께 치른다. 이때부터 "잘한다 잘한다" 말하는 게 생각보다 쉽지 않다. 그래도 여전히 부모로서 해야 할 일은 끝나지 않는다. 아이가 인생의 기로에서 현명한 선택을 하고 어리석은 길로 빠지지 않도록 보이지 않게 유도해주고 정신 건강한 어른으로 키워내야 한다.

고등학교에 들어가면 진로가 일찍 정해진 아이는 부모가 해줄 게 없는 것 같이 느껴진다. 대학을 가고 사회에 진출하면 진짜 할 일은 끝인 것만 같다. 그러나 웬걸! 결혼을 시키고 나니 육아가 다시 시작된다. 손주들이 오면 기쁘고 반갑지만, 갈 때는 더 반갑다. 육아는 끝이 없다. 죽을 때까지 계속된다.

인생이 계속되기 때문에 육아에 끝이 없듯이, 일을 할때도 마찬가지다. '끝이 없음'의 원리가 작동된다. 내가 지금도 일을 멈추지 않고 계속하는 것은 '끝이 없음'의 원리를 깨닫고 그것을 따르고 있는 것이다. 이런 이치를 알고 일을 하면 지치지 않고 일할 수 있다. 인생이란 매일매일 자기의 일을 열심히 하면서 타인의 입장도 생각해주며 순리대로 사는 것이다. 고대 그리스의 철학자인 헤라클레이토스는 "강은 같은 강물에 한 번도 빠지지 않는다"고 했다. 모든 것은 계속 변화한다는 뜻이다. 세상 만물이 흐름 속에 있으니 오로지 변화와 무한함만이 유일하게 고정된 것이라는 주장이다. 우리는 끝없이 흘러가는 강물처럼 살아야 하는 것이다.

헌신적이면
나만 손해인가?

. . . .

"책임은 돈으로 살 수 없다."

— 피터 드러커 —

'서진이네'라는 예능 프로그램이 있다. 배우들이 외국에 가서 한식당을 운영하는 컨셉인데, 시즌 2에서는 아이슬란드에 가서 꼬리곰탕 같은 따뜻한 음식을 팔았다. 이 프로그램은 '윤식당'으로부터 이어지는데, 그동안은 해외에 나가면 적어도 이틀 정도는 홍보하고 모객하는 데 시간이 걸렸다. 그래서 3일째 정도는 지나야 홀이 차기 시작하는 것이 그간의 패턴이었다. 그런데 시즌 2에서 눈에 띄는 변화가 있었다. 그 지역에 한식당이 없어서인지, 몇 년 사이에 한식 시장이 글로벌하게 커져서인지 홍보도 없이 첫날부터 줄을 서기 시작한 것이다. 그래서 서진뚝배기는 줄 서서 먹는 대박 곰탕집이 되어버렸다. 당연히 식당 직원들은 정신 없이 바쁘게 일할 수밖에 없었다.

이 프로그램이 내 눈에 들어왔던 독특함이 한 가지가 있었는데, 그것은 식당에 회사 시스템을 도입했다는 것이다. '윤식당'에서 이사였던 이서진 배우는 '서진이네'에서 사장이 되었다. 처음엔 주방 보조로 일했던 정유미 배우는 승진해서 전무이사가 되었고, 박서준 배우는 부장이 되었다. 시즌을 거듭하면서 식당 일에 초보였던 배우들은 점점 일을 배우고 프로가 되어가는 과정이 그대로 담겼다.

'서진이네 2'에서는 특히 화제가 된 인물이 있었는데, 인턴으로 주방에 새로 들어온 고민시 배우다. 그녀는 대박 곰탕집 주방에 이런 사람이 실제 있을 것 같은 생각이 들만큼, 정말 일을 열심히 하고 잘하는 것이 눈에 보였다. 화장실에 갈 시간이 없을까 봐 물도 안 마셨다고 말할 정도다. 게다가 매일 메인 셰프가 바뀌는 시스템인데도 그날 누가 셰프가 되든 보조를 잘 맞춰주는 모습이 정말 일 잘하는 에이스의 모습이었다.

이 프로그램은 마치 '일이란 무엇이고 어떤 의미와 가치를 지니고 있는가', '일 잘하는 사람은 어떻게 일하는가'

를 압축해서 보여주는 것 같았다. '서진이네 2'가 방영되고 나서 "고민시 배우가 영화를 찍으면서도 저렇게 정성을 다해 열심히 일하겠구나, 하는 생각이 들었다"고 말하는 사람을 많이 봤다. 자신이 할 수 있는 모든 걸 쏟아부으며 진지하게 일하는 사람에게 감응하고 나도 모르게 응원하게 되는 건 자연스러운 일이다.

여기서 진짜 주목하고 싶은 점은 고민시 배우뿐 아니라 모든 출연진이 정말 '헌신적으로 일한다'는 것이다. 한동안 취업 시장에서 부모들이 자녀에게 "공무원 해라" "교사 돼라" 권하던 시절이 있었다. 아이의 꿈과는 상관없이 그런 말이 나왔던 것은 그 직업이 안정적이라는 것 때문이다. 그런데 그 결과 '헌신적이면 나만 손해야'라는 걸 은연중에 다음 세대에 심어줬던 게 아닐까 싶은 생각이 든다.

식당 인턴이 전력을 다해 일하는 걸 보며 응원하는 마음이 생기는 것은 헌신적인 것이 주는 감동이 있고, '일'의 가치에 대해 사람들이 암묵적으로 같은 걸 느낀다는 뜻일 것이다. 어쩌면 AI 시대가 되더라도 사람이 일을 하는 것에 대한 가치는 변하지 않을 것이다. 일하는 기계가 늘어날수록 그만큼 대면 서비스를 받고 싶어하는 고객들도 있을 것이다. 비즈니스에 효율만이 존재하는 것은 아니며, 사람들은 때로 비이성적으로 소비한다. 효율적이어야 할 부분은 AI를 활용하겠지만, 사람이 투입되어 차별적 우위를 가질 수 있다면 그것이야말로 무기가 될 수 있다. 인간이 일을 해야 하는 이유는 변하지 않는다는 의미다. 다만 가치를 지니려면 프로페셔널을 넘어 달인이 돼야 한다. 다른 말로 하면 일의 고수다.

이제부터 2장에서는 일을 배우고 실력을 쌓고 고수가 되어가는 과정이 왜 필요한지, 내가 정립한 이론을 풀어보려고 한다.

Part. **2**

일 잘하는 고수는
이것이 다르다

관찰하고 행동으로 옮기면 깨닫는다

. . . .

"우리가 할 수 있기 전에 배워야 하는 일들을,
우리는 하면서 배운다."

— 아리스토텔레스 —

일을 잘하면 우리의 몸값이 올라간다. 몸값은 경제적으로도 의미가 있지만 내 가치를 증명하는 것이기도 하다. 그래서 많은 사람들이 일을 잘하고 싶어 하고, 나에게도 "어떻게 하면 일을 잘할 수 있나요?" 질문하는 사람들이 있다.

일을 잘하는 데는 두 가지 훈련이 필요하다. 첫째, 자기 일에서 기술을 연마하는 것, 그래서 남보다 잘하는 것을 만드는 것이다. 둘째, 변화를 보고 통찰력 있게 대응하는 것이다. 남보다 잘하는 것을 만든 뒤에는 플러스 알파를 붙여야 차별적 우위성이 생긴다. 달리 말하면 남들과 다르게 하는 것이다. 그래야 경쟁자가 나타났다든가 시대적 상황이 변했다든가 하는 환경 변화에 따라 대응이 가능해진다. 그것이 일을 장기적으로 오래 할 수 있는 비법이다.

우리 안경원에도 일을 잘하는 직원들이 있다. 안경사는 기술직인데 잘하는 사람은 자기만의 요령이 있다. 일을 하는 과정 또는 일을 배우는 과정은 우선 3가지 단계로 요약된다. 보고, 행동하고, 깨닫는다는 흐름인데 한자로 집약하면 觀行覺$^{(관행각)}$이다.

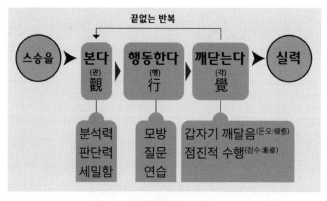

▲ [그림 1]. 일을 배우는 과정

1단계로 관$^{(觀)}$은 '보다'라는 뜻이다. 한자를 잘 보면 여

일의 무기

기에는 見$^{(견)}$이 섞여 있는데, 見은 눈으로 보이기 때문에 그냥 보는 것이다. 멍 때리고 보는 것도 '견$^{(見)}$'이다. 반면에 관$^{(觀)}$은 관찰하는 것이다. 봉황이 높은 하늘에서 먹잇감을 잡기 위해 아주 세밀하게 보는 것과도 같다. 쉽게 말하면 분석하는 것이다. 그래서 관$^{(觀)}$에는 분석력, 판단력, 세밀함이 들어간다. 일 잘 하는 사람들은 분석을 아주 세밀하게 잘하지만, 일을 못하는 사람들은 보고도 그냥 지나친다.

2단계는 행동$^{(行)}$이다. 보고 행동으로 넘어갈 때는 부러움이 나온다. "와, 잘한다", "대단하다. 나도 하고 싶다" 이런 반응이 나와야 된다. 그런데 보통은 "와, 잘한다"에서 끝나버리는 사람이 많다. "나도 하고 싶다"가 안 나오면 행동으로 넘어가는 것이 힘들다. 그러나 부러워하면 의욕이 끓는다. "나도 한번 해보고 싶다"가 되면 2단계 행동$^{(行)}$으로 넘어간다. 우선은 모방해보는 것인데, 이 행동이 지속되는 것이 연습이다. 그 연습을 하는 중에는 또 질문이 나와야 한다. 해봤는데 잘 안 되는 것, 세밀한 부분들이 궁금해지면 질문한다. 이것이 일을 배우는 과정이다.

모든 일은 모방에서 나온다. 앞서 깨달은 사람, 잘하는 사람을 보고 일단 베끼는 것이다. 태어날 때부터 잘하는 사람은 없다. 아기가 부모님이 하는 말을 듣고 따라하듯이, 보고 베낀다. 세심히 보고 행동으로 옮겨본 후에는 궁금해진 것을 물어보고 조정한다. 일을 잘 못하는 사람의 특징은 이 과정이 없다.

이렇게 보고 행동하다 보면 경험이 쌓이고 새로운 것을 깨닫는다. 불교에서는 이것을 돈오점수(頓悟漸修)라고 한다. 갑자기 깨닫는 것이 돈오(頓悟)다. 깨달음이란 하루 지나고 하나 깨닫고 이틀 지나면 또 하나 깨닫고 하는 수학적인 것이 아니다. 개인 차이가 있어서, 어떤 사람은 빨리 깨닫고 어떤 사람은 늦게 깨닫는다. 또 시간이 많이 지났다고 해서 깨달을 수 있는 것도 아니며 시간이 조금만 지났으니까 못 깨닫는 것도 아니다.

아무것도 없는 제로(0) 상태에서 한 가지를 깨달았을 때 거기서 만족하고 더 이상 관행각(觀行覺)을 하지 않는 사람이 있고, 이것을 다시 반복하는 사람이 있다. 점차 수행하는(점수漸修) 것이다. 보고 행동하고 깨달음을 반복하면 그것은 실력이 된다. 돌고 도는 끝없는 반복을 통해 깨달음도 쌓이고 실력도 쌓이는데, 이것은 죽을 때까지 계속된다. 이것이 앞서 말한 무극의 원리다.

Why나 How보다
중요한 것은 Who

. . . .

"경험을 현명하게 사용한다면
어떤 일도 시간 낭비는 아니다."

— 오귀스트 르네 로댕 —

일의 방식에 대해 이야기하는 자기계발서들을 보면 Why(왜 일하는가), What(무슨 일을 할 것인가), How(어떻게 일할 것인가)를 말한다. 업종에 따라 조금 다를 수는 있겠지만 나는 그보다 우선해야 하는 것이 Who라고 생각한다. 누가 가르쳤냐, 스승이 누구냐에 따라 습득하는 시간이 단축되고 퀄리티가 달라질 수 있다. 옛날에는 일에 대해서 직장에서만 가르쳤다. 그런데 지금 시대에는 일에 대한 태도를 부모가 가르칠 수도 있다. 그런 부모를 만나서 조기교육을 받았다면 그 사람은 정말 운이 좋은 것이다.

사람들은 취업했다고 하면 "너 어디 다녀?"라고 묻는다. 내 생각에 그보다 중요한 것은 "네 사수가 누구야?"이다. 대기업이든 중소기업이든 제대로 된 사수를 만나서 배우면 인생이 바뀐다. Who는 곧 마인드를 의미한다. 기성세대들은 이제 Who를 가르쳐야 한다. 이름 있는 직장, 많은 월급에만 집착할 게 아니라 AI 시대에 인간만이 할 수 있는 것으로 가치를 찾으려면 스승을 찾아야 한다. 도제식 교육이야말로 급성장할 수 있는 비결이 될 것이다.

　일을 잘 하는 고수가 되는 데 있어 가장 중요한 것은 시발점인 보는 것(觀)이다. 거기서 시작된 깨달음이 있어야 남다름을 만들 수 있는데, 여기에는 시간과 노력과 인내가 필요하다. 농사에 사시사철이 다 필요하듯이 일에도 인생에도 단계가 있어야 한다. 이 단계를 모르니까 급해지는 것이다. 밥도 단계 없이 급하기만 하면 설익듯이, 일도 똑같은 이치다. 이 과정을 스스로 못하기 때문에 먼저 깨달은 선행자, 곧 스승이 필요한 것이다.

　태권도를 하는 아들이 진로 때문에 고민할 때가 있었다. 남과 다른 고유성을 갖게 해주고 싶어서 조언했던 것이 미국에서 태권도 사범으로 일을 해보라는 것이었다.

그때 내가 했던 말은 "미국에서 태권도로 가장 유명한 사람을 찾아라"였다. 그때의 Who 전략은 지금 생각해봐도 신의 한수였다.

새로운 세대들이 좋은 스승을 찾으려면 기성세대 중에 좋은 사람이 많이 있어서 일자리를 많이 만들어내야 한다. 그래야 새로운 세대들도 일을 배울 기회를 가진다. '좋은 인력이 자연스럽게 모이는 도시'라는 주제의 칼럼을 읽은 적이 있다. 도시 프로젝트가 잘 되면 좋은 사람, 좋은 일거리가 모인다는 걸 시사하는 내용으로 도쿄를 예시로 들고 있었다. 오랜 불황으로 뒤떨어졌던 도쿄는 엔데믹 선언 후 글로벌한 국적의 사람들이 엄청나게 몰리게 되었다. 여기에는 엔저로 인한 관광객 말고도 글로벌 기업, 투자자 등이 포함된다.

칼럼에서는 도시 설계를 하는 모리빌딩이라는 기업이 설계해 2023년 11월에 오픈한 아자부다이 힐즈라는 아주 핫한 곳을 소개했다. 국제학교, 고급 레지던스는 물론 상업, 문화, 주거, 병원, 오피스, 호텔 등 다양한 시설을 망라한 복합시설이다. 이 기업이 내세웠던 것은 사람들을 끌어모으는 공간을 만들겠다는 것이었다. 이곳은 스케일도 크고 디자인력도 좋지만, 여기에 유수의 글로벌 기업들이 모여 있다는 것이 중요한 포인트다. 일본에서 웹툰 사업을 하고 있는 카카오픽코마도 이곳에 사무실이 있다. 공간 설계가 중요한 것은 사람이 모이기 때문이다. 즉, Who가 중요 핵심이다.

아이가 뛰어난 천재가 아니어도 학교가 별로여도, 담임선생님 한 명만 잘 만나면 한 아이의 인생이 바뀔 수도 있다. 인구가 감소하고 생산성이 떨어지는 대한민국의 현재 시점에 Who는 더욱 중요 요소다. 일을 잘하는 사람들이 모이면 거기서 어떤 시너지가 펼쳐질지 상상하기는 어렵지 않다.

보면서 가장 많이,
끝없이 배운다

. . . .

"우리 품에 거저 던져지는 것은
대부분 무시된다."

— 에리히 브록 —

　이제 막 사회에 나온 초보들 중에는 일을 빨리 습득하는 사람도 있지만 그렇지 못한 사람도 있다. 3가지로 분류하자면, 첫째 하나를 알려주면 하나 이상 하는 사람, 둘째 하나를 알려주면 그 하나만 하는 사람, 셋째 하나를 알려주면 그 하나도 못하는 사람이 있다. 회사 입장에서는 타고난 능력과 호기심이 있는 첫째에 해당하는 사람이 많으면 좋겠지만, 통계상 그런 사람은 많아야 10%를 넘기기 힘들 것이다.

　하나를 알려주면 하나 이상을 해내는 사람은 많지 않

기 때문에 회사에서 일이 잘 진행되게 하려면, 하나를 알려주면 하나를 하는 사람이 일을 잘 배워야 한다. 실제로 통계상 이 사람들이 가장 많은 수를 차지한다. 그중에는 언뜻 수동적으로 시키는 대로만 일하는 초보 같이 보여도, 알고 보면 일을 잘 배우기 위해 보고 관찰하는 중인 사람도 있을 것이다.

소수의 천재들이 모여 최대 효과를 내려고 하는 스타트업에서는 첫째에 해당하는 사람들만 뽑을지 모르겠지만, 중소기업에서는 이런 사람들을 만나기가 힘들다. 대부분이 둘째, 셋째에 해당한다. 그래서 나는 직원을 뽑을 때 사람을 가리지 않게 되었다. 회사 대표인 걸 떠나서 어린 초보라면 일을 못해도 일단 지켜봐주는 것이 어른의 도리라고 생각한다. 집안 사정이 좋지 않아 어린 나이에 돈 벌러 나와서 고생하는 사람을 보면 짠한 마음이 들기도 한다. 조직은 사실 똑똑한 사람만 있다고 돌아가는 게 아니다. 사람은 다 장점이 있어서 그걸 활용하면 결국엔 인재가 될 수 있다.

나의 경우엔 신입 직원은 보통 6개월 정도 말을 한마디도 안 하면서 그저 지켜본다. 그러면 기술을 안 가르쳐준다면서 나가버리는 신입도 있다. "딴 데서는 한 달이면 이것도 가르쳐주고 저것도 가르쳐주는데"라면서 불만이다. 그런데 기술을 배울 때 붙들고 하나하나 가르쳐주는 것만 '배운다'고 할 수는 없다. 대형 매장에는 고객도 많이 오고 선배들도 있기 때문에 그것만으로도 배우는 것이 된다. 뭘 시켜야만 배우는 게 아니라 '보는 것'이 배우는 것이다. "안경사 한 명 있는 매장에 가서 직접 몸으로 배울래? 거기는 몇 달만 지나면 배울 게 없다." 이렇게 이야기하곤 한다. 내가 말하는 대형 매장에는 많은 고객들이 오기 때문에 여러 가지 경우의 수를 경험할 수 있다. 신입이 할 줄 모르더라도 자기 머릿속에 그 다양함을 담을 수 있다. 그건 배우는 것이라 생각을 못하는 사람이 많은데, 일의 감각을 배우는 데는 필수적인 요소다. [그림 1]에서의 '본다(觀)'와 '끝없는 반복'을 같이 경험하는 것이다.

이걸 얘기해주면 알아듣고 잘 적응하는 사람이 있고, 뭔 소리냐며 나가는 사람도 있지만 어쩔 수 없다. 초보에게 실력을 기대하기보다 시야를 넓혀주는 것이 더 중요하다는 게 내 생각이다. 물론 상황에 따라 일할 사람이 급하게 필요하다면 금세 가르칠 것이다. 그러나 급하지 않으면 무조건 6개월 정도는 '보는 것'이 1단계다. 조금씩 알아가는 단계인 것이다.

힘들어도 끝까지
버티게 하는 힘

• • • •

"끈기를 가지고 하는 일이 쉬워지는 것은,
그 일이 쉬워져서가 아니라,
그 일을 수행하는 우리의 능력이
향상됐기 때문이다."

— 랄프 왈도 에머슨 —

　　초보 직원이 1단계로 보는 과정을 거치고 나면, 2단계로 매출 목표를 세우고 달성하는 방법을 익히게 한다. 목표 달성 과정에서 직원들은 실력을 습득하는데, 그중에는 목표를 정하고 1년이 지나도 성과가 안 나는 직원이 있다. 그럴 때 대부분은 퇴사하지만 개중에 요령을 알려주면 금방 잘할 것 같아 보이는 경우가 있다. 그런 사람은 붙잡아놓고 테크닉적으로 방법을 알려준다. 한 번 더 기회를 주는 것이다.

우리 회사의 안경 체인점 브랜드를 운영하는 후배가 한 번은 물었다. "대표님은 어떤 기준으로 사람을 뽑아서 쓰세요?" 기회를 주면 어떤 사람이 잘 할지 아는 것은 감각적인 것이라서 설명하기가 어려웠다. 살아오면서 생긴 '감'으로 하는 것이라서 말로 표현하기가 힘들다. 항상 맞진 않지만, 감이 뛰어나면 사람을 잘 볼 확률이 높다. 일단 감으로 사람을 뽑고, 그 다음에 안 되면 훈련시킨다. 그래서 초짜가 들어오면 6개월간 '보고 깨닫는' 과정을 거치도록 하고, 1년간 목표 달성을 해보게 하는 것이다. 그렇게 1년의 능선을 넘어가면 대부분은 장기 근속하는 안경사가 된다.

훈련은 참고 기다리는 인내의 시간이다. 그동안 많은 생각을 하게 된다. '내가 여기서 적응할 수 있을까? 내가 한 달에 2천만 원 매출을 올릴 능력이 될까? 여기 있으면서 나는 제 값어치를 할 수 있을까?' 수많은 고민과 함께 힘든 걸 견딘 사람은 능력치를 얻는다.

일을 하다 보면 여러 가지 상황이 벌어진다. '매출이 안 나오는데 계속 할래? 야근이 이어져도 할래? 너 실력 이거밖에 안 되는데도 할래?' 이런 내면의 질문들에 부딪히면 생각해봐야 한다. '내가 이 일을 통해서 이루려는 게 뭐지? 내가 어디까지 가려고 하는 거지?' 이런 생각을 외면하지 않는다면 앞으로 나아갈 수 있다. 그럼에도 불구하고 발전하든가, 내게 안 맞는다 판단하고 빨리 다른 길을 찾는 것이다. 그냥 힘들어서 포기하거나 받는 돈이 적어서 옮기는 것으로는 실력이 쌓이지 않는다. 버티는 이유가 있는 사람과 없는 사람은 엄청난 차이가 있다.

직원 입장에서 자신이 잘하고 있는지 모르겠을 때는 일단 목표를 찾아야 한다. 그게 잘 정한 목표인지 스승한테 피드백을 받고 실행해보면, '어떻게 해야 되는지 알았어' 하는 감이 안 오더라도 '내가 왜 이걸 해야 되는지'는 알게 된다. 할 게 정해지면 그때부터 '어떻게'가 나온다. 그런 사유 과정이 없으면 '그냥' 출근만 하게 된다.

여기서 목표라는 건 어찌 보면 몸값이다. 목표가 있으면 자극이 생기고 스트레스가 나오지만, 그걸 감당할 내공이 확인되면 자신의 가치를 드러낼 수 있게 된다. 그런데 스트레스를 감당할 내공이 없으면 '매출을 이만큼까지 어떻게 올려? 못하겠어'라며 사표를 쓰게 된다. 자기 몸값을 생각하지 않고 일하는 것은 자신의 가치를 고려하지 않는 것이다. '일=돈+나의 가치'라는 공식에 대비해 봤을

일의무기

때, 그것은 필요조건이다. 목표 설정은 곧 나의 가치를 찾는 것이기도 하다. '내가 여기에서 얼마만큼의 역할을 할 수 있을까?'라는 생각이 그 시작이다. 결국은 나를 들여다봐야 한다는 이야기다.

일 잘하는 사람은
질문에서 티가 난다

. . . .

"세상 모든 일은 여러분이
무엇을 생각하느냐에 따라 일어납니다."

— 오프라 윈프리 —

일을 잘하는 사람은 배울 때부터 잘 배운다. 관찰하면
서 분석을 잘 하니까 세밀한 것까지 잘 잡아낸다. 일을 배
울 때는 아직 잘 모르기 때문에 의문점들이 생기는데, 아
직 경험해보지 않았기 때문에 당연한 일이다. 의문점들은
일단 행동으로 옮겨 해보고 나면 풀리는 것도 있지만, 여
전히 물음표가 생길 수도 있다. 이때 잘 배우는 사람은 질
문을 잘 던진다.

관찰하고 해봤는데도 질문이 없다는 것은 두 가지 경
우다. 단번에 완벽하게 일을 습득했거나 아무 생각이 없

일의 무기

는 것이다. 그래서 가르치는 사람은 초보가 질문이 없으면 더 긴장한다. 아무 생각이 없을 때는 질문을 해보라고 해도 잘 못한다. 질문에는 생각의 수준이 그대로 드러난다.

질문이 없는 초보에게 일을 가르칠 때는 자꾸 생각하게 만들어야 한다. '가르친다'가 아니라 '생각하게 만든다'로 치환해서 말해도 된다. 보고 행동하고 깨닫는 과정을 끝없이 반복하려면 질문을 계속 던져야 한다. 주입식 교육으로는 깨달음이 반복될 수 없다.

내가 20대 후반이던 때에 명상을 하기 시작했다. 질문을 던지는 것에 익숙해지던 때였는데, 당시에 나의 부사수였던 20대 초반의 안경사 후배가 있었다. 하루는 출근할 때 지각을 했는데, 5~10분 정도 늦은 거라 혼내기는 애매했다. 그렇지만 깨우침을 주고 싶어서 고민하다가 질문을 던졌다.

안경원에 도착해서 "죄송합니다" 하면서 들어왔는데, 출근 시간이 조금 지나고 나서 후배가 지나갈 때 한 마디를 툭 던졌다. "올 때 니 뭐 밟고 왔노?" 그랬더니 "에? 무슨 말이에요?" 하며 의아해한다. "뭐 밟고 왔어? 생각해봐. 니가 뭐 밟고 왔는지"라고 툭 던지니 후배가 말이 없다. 머릿속에서 생각이 많아진 것이다.

어차피 사는 데 정답은 없다. 문제를 풀어가는 해답 풀이가 있을 뿐이다. 이런 질문을 던지는 것이 스님들이 하는 선문답이다. 그저 툭툭 던지면서 깨우치게 하는 것이다. 한 마디 질문을 던졌지만 그 속에는 여러 가지 해답이 들어 있다. 예를 들면 "공기 밟고 왔어요", "흙 밟고 왔어요", "아스팔트 밟고 왔어요" 등 여러 가지 표현을 할 수 있다. 그런데 내가 유도한 건 "무슨 생각하면서 출근했어?"였다. 밟은 걸 물은 게 아니라 "너는 무슨 생각을 싣고 왔어?"라는 뜻이었다. 대부분은 이런 질문에 "땅 밟고 왔죠" 같은 일차원적인 대답을 한다. 그런데 그걸 몰라서 묻는 게 아니다.

이렇게 툭툭 던지는 질문은 백 마디로 혼내는 것보다 효과가 있다. 그런데 요즘엔 이조차도 잘 하지 않고 있다. 지금의 젊은 직원들은 이제 나와는 나이 차이가 많이 나기 때문이다. 좀 더 고차원적 질문으로 그냥 놔두는 것도 질문이다. 질문을 던져도 되지만 질문을 하지 않는 것이 잔소리보다 엄청 강한 질문이 된다. 대신 직원들이 '한소리 할 것 같은데'라고 생각할 만한 상황에 써먹어야 한다.

일의 무기

잘못했을 때는 혼나면 차라리 그때부터 편해지는데, 아무 말이 없으면 괜히 긴장감이 생긴다. 그럴수록 태연하게 가만히 있어보는 것이 가르침에서는 고단수가 되는 듯하다. 압박감에 쪼여서 직원이 안절부절한다면 괜찮은 효과가 난 것이다.

잔소리를 참으라는 것은 아무것도 하지 말라는 뜻이 아니다. 당장의 작은 욕심을 뒤로 미루라는 말이다. 훈육이나 훈계는 혼내는 것이 아니다. 세상의 이치를 가르치는 것이어야 한다.

초보에서 고수까지 가는
4단계 과정

• • • •

"사람은 일을 마무리하지 않고
이 땅을 떠나서는 안 된다.
매일을 비행 전 점검이라고 생각하며 살아야 한다."

— 다이앤 프롤로브 —

　남들은 못하는 자신만 할 수 있는 차별적 우위성을 가지게 되면, 남들이 베낄 수 없는 고유성을 얻는다. 이것은 깨달아야 하는 감각적인 영역이다. 그래서 말이나 글로 표현하기가 힘들다. 해본 사람들은 그냥 감각으로 느끼고 그때그때 상황에 맞게 행동하기 때문에 일반적인 이론으로는 설명이 안 되는 것들도 포함된다.

　문서나 매뉴얼로 정리할 수 있는 것은 누구나 공유할 수 있는 것으로 형식지(形式知)라고 한다. 눈으로 볼 수 있고 기술로 습득할 수 있다. 반면에 보이지 않는 것을 깨달음으로 알아가는 것은 암묵지$^{(暗黙知)}$라고 한다. 학습하고 경험하면서 몸에 체화되는 것이라 말로 글로 표현할 수 없다. 형식지를 기본 토대로 암묵지를 깨달아야 하는데, 그 암묵지를 배워야 하기 때문에 고수가 되기까지는 일정한 시간과 압력이 필요한 것이다.

일을 잘하고 싶으면 우선 실력 있는 고수를 찾아 관찰하는 것이 지름길이다. 고수들은 감각으로 하는 자신만의 '어떤 것', 즉 암묵지가 있다. 고수의 감각을 베껴보고 자기 것으로 체화하는 데는 4단계의 경로를 거친다고 할 수 있다.

1단계는 감각적으로 하는 것, 즉 말로 표현할 수 없는 암묵지가 있다고 알아차리는 것, 2단계는 암묵지에 대해 "어 이거 뭐예요?" 하고 질문하는 것이다. 이 질문을 하는 순간 암묵지가 형식지로 나올 수 있다. 3단계는 모르는 것의 실체를 파악해서 윤곽이 보이도록 표현하는 능력을 발휘하는 것, 4단계는 표현으로 정리한 것을 다른 사람한테 이식할 수 있는지 실행해보는 것이다.

암묵지는 경험을 통해 체화되기 때문에 글이나 말로 표현하기가 매우 어렵다. 그래서 고수들은 말수가 적다

는 특징이 있다. 어설프게 아는 사람일수록 잡다한 설명
이 많다. 특정 분야에서 능력이 부족한 사람은 자신의 능
력을 과대평가하고 오히려 유능한 사람은 자신의 능력을
과소평가하는 현상이 있는데, 이것을 더닝 크루거 효과
(Dunning-Kruger effect)로 설명할 수 있다. 인지 편향의 일종으
로, 능력이 없는 사람이 잘못된 판단을 내려 잘못된 결론
에 도달해도 능력이 없기 때문에 실수를 알아차리지 못하
는 현상을 말한다.

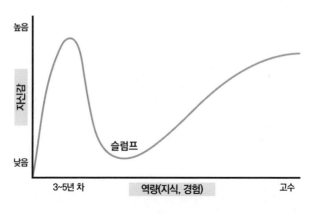

▲ [그림 2]. 일에서의 더닝 크루거 효과

더닝 크루거 효과는 미국 코넬대학교의 사회심리학 실
험에서 나온 말이다. 피험자들에게 운전, 체스, 테니스,

유머감각, 문법지식, 논리적 사고 등의 부문에서 테스트를 진행한 결과 점수가 낮을수록 실제 성적에 비해 등수 기대치$^{(자신감)}$가 높았고, 오히려 높은 성적을 받은 피험자들은 그 반대 경향을 보였다. 이걸 설명하는 그래프가 [그림 2]인데 능숙도에 대한 자신감을 나타낸 것이다.

이 그래프는 마치 일을 하는 어떤 분야에서 초보일 때는 자신감이 없지만, 웬만한 일의 프로세스는 거의 습득한 3~5년차의 경력자가 되면 자신감이 최고조로 올라가는 것과도 같은 모습이다. [그림 2]에서 x축의 왼쪽 끝이 초보, 오른쪽 끝이 고수의 경지다. 세로축은 자신감을 나타내는데, 초보 때는 바닥에서 시작해 경력이 쌓이면 점점 자신감이 올라가다가 어느 정도 알면 딜레마가 오면서 내리막이 온다. 훅 꺾이는 이 지점이 세상 일에는 수많은 변수가 있어서 자신이 알고 있는 것들이 사실과 다르거나 틀릴 수 있다는 깨달음이 오는 시기다. 이 깨달음의 계곡을 딛고 올라가야 진짜 실력을 갖춘 고수가 되는 것이다.

일하는 현장에서도 이걸 볼 수가 있다. 3~5년 정도의 경력자는 어찌 보면 가장 왕성한 활동을 한다. 눈에 보이는 형식지는 거의 다 습득했기 때문에 자신감이 최고조이고, 말도 가장 많다. 그런데 이때가 가장 위험하다. 다 안다고 생각하기 때문이다. 그러다가 스스로 이해할 수 없는 실수를 경험하게 되면 슬럼프에 빠진다. "이 길이 나에게 맞는 건가?" 하는 생각마저 든다. 자신감은 떨어지고 말수가 줄어든다. 아직 서른 정도면 다른 일을 시작하기에 괜찮지 않나 싶어서 직업을 바꾸기도 한다. 그러나 사실은 실질적으로 이때부터가 진정한 출발이다.

이 과정을 제대로 극복하면 암묵지를 발견하고 그걸 하나씩 습득해가면서 다시 자신감을 얻을 수 있다. 진정한 고수의 길로 가는 것이다. 결국 [그림 1]에서의 '끝없는 반복'을 이해하게 된다.

일의 무기

일을 잘하면
스피드가 붙는다

. . . .

"성공의 경험이 변화의 가장 큰 적이다."

— 헤르만 지몬 —

일을 터득하려면 보고 행동하고 깨닫는 과정이 끝없이 반복돼야 한다. 이 반복 연습을 통해 누구나 시간만 흐르면 형식지를 습득할 수 있다. 그런데 일은 거기서 끝이 아니다. 한 번 해보고 '이건 안 되는 거야'라고 포기한다든지, 한 번 해서 성공한 걸 가지고 '다 안다'고 생각하는 건 하수다. '이렇게 하면 되네'라고 경험한 후에는, 다른 부분에 경험을 적용해서 다시 한 번 해보고 세 번째 또 해보고 이것이 계속 반복돼야 일에 있어 프로가 되는 것이다.

일을 배우는 것은 훈련인데, 훈련의 영역이 반복되면

무의식의 영역으로 넘어간다. 의식의 영역에서는 누구나 연습할 수 있고, 여기서는 실수가 잘 안 나온다. 그렇지만 아마추어를 벗어나 프로가 되면 그 이상의 영역을 커버해야 한다. 아마추어는 실수할 수 있는데 프로라면 "나도 모르게 그렇게 됐어요"는 허용되지 않는다. 반복 훈련을 계속한 프로라면 무의식도 컨트롤할 수 있다. 전광석화 같은 빠른 판단력으로 상황을 통제해야 한다. 설명할 순 없지만 '나도 모르게' 성공하는 것이다. 일의 '감각'이 생기는 것인데, 그렇게 되려면 피나는 노력이 필요하다.

연습을 한두 번 한다고 해서 무의식의 영역을 컨트롤할 수 있는 것은 아니다. 의식의 영역은 신경쓰면 되지만 무의식의 영역은 반복과 루틴을 거듭하는 동안 참아내야 한다. 보통 사람들은 이걸 지겨워하고 힘들어한다. 인내의 시간을 견딘 후에야 고수의 영역으로 들어간다. 여기서 주의할 점은 무턱대고 계속 한다고 되는 건 아니라는 것이다. 이걸 모르는 사람들이 많은데, 일을 할 줄 아는 것과 일을 잘하는 것은 다르다.

일을 잘하는 사람은 성과를 내기 전에 우선 스피드가 따라온다. 그저 일을 할 줄 아는 사람은 스피드를 모른다. 자신이 일을 좀 할 줄 알면 '일을 잘한다'고 착각한다. 만약 서류 작업을 하는 사람이 많은 양을 빨리 처리할 수 있다면 그는 일을 잘하는 사람일 가능성이 매우 높다. 스피드를 생각 안 해본 사람은 이 사실을 잘 모른다.

우리 안경원에 경력자 안경사가 들어왔다면 그는 디테일한 부분까지 완성도를 높여야 한다는 것에 적응해야 한다. 그게 가능하려면 스피드가 있어야 한다. "이전에는 그냥 꼼꼼히 잘 만들라고만 얘기를 들었어요. 이렇게 빨리 만들 생각은 한 번도 안 해봤어요." 이렇게 말하는 사람이 있다. 그러나 만약 중학교 3학년과 고등학교 3학년이 똑같은 수학 문제를 푸는데 똑같이 10분 만에 풀어서 정답을 맞혔다면 두 사람의 수준은 같을까? 같은 문제를 같은 시간 안에 풀었다면 당연히 중학교 3학년이 더 공부를 잘하는 것이다. 중학생이 10분 걸렸으면 고등학생은 그보다 빨리 풀어야 하지 않을까? 경력자가 초짜 안경사보다 더 느리게 일한다면 '일 잘한다'는 말은 못 듣는다. 경력이 쌓이면 이 스피드에 대해서도 고민을 해야 한다.

스피드는 내 가치를 올려주는 것이기도 하다. 초보랑 똑같이 할 것 같으면 월급을 더 주고 경력자를 써야 할 이유가 없다. 경력이 쌓이면 정확하면서도 빠르게 일할 수 있어야 한다.

형식지는 오감으로
파악할 수 있다

• • • •

계단을 밟아야 계단 위에 올라설 수 있다.

— 터키 속담 —

나는 대행 스님의 법어 중에 "웃어야 웃을 일이 생기는 법이다"라는 말씀을 아주 좋아한다. 짧으면서도 강력한 메시지가 있다. 이 법문을 처음 들었을 때 모든 것이 해결되는 그런 묘한 느낌을 받았고 지금도 매사에 원동력이 되고 있다.

'△해야 □한다'라고 했을 때 △는 이유이고 원인인 반면, □는 결과다. 일에는 중요한 법칙이 하나 있다. 일을 할 때 △에만 집중해서 일하는 습관을 들인다면 □는 자동으로 만들어진다. 어떤 일이 됐든 △에 넣을 수 있는 말을 찾아보자. 그걸 습관으로 만든다면 모든 것이 순조롭게 풀리고 결과가 만들어질 것이다. △에 넣을 것을 많이 찾아낼수록 □를 신기하게도 지속적으로 만들어낼 수 있다.

처음 일을 시작하고 3~5년 정도 경력이 쌓이고 나이가 서른이 넘어가면서 '이 길이 맞나' 하는 생각을 하는 경우가 있다. 이미 능력치로 치면 기업에서는 딱 써먹기 좋은 시기인데도 불구하고 '나 직업 바꿀까?' 하는 고민을 한다. 실수를 경험해서일 수도 있고 지루함을 느껴서일 수도 있는데, 확실한 건 의욕이 떨어진다는 것이다. 그런데 3~5년차라면 충분히 능력 있는 경력자이지만 고수, 달인, 장인 등의 명칭으로 부르지는 않는다. 시간과 에너지를 충분히 쓰면 누구든 거기까지는 도달하기 때문이다.

일을 할 때 우리는 색성향미촉법^(色聲香味觸法)을 이용한다. 이것은 6가지 감각 접촉의 장소로서 불교에서는 이것을 '육경^(六境)'이라고 한다. 그중 색성향미촉^(色聲香味觸)은 형식지의 영역으로 안이비설신^(眼耳鼻舌身)의 오감을 동원하면 도달할 수 있다. 눈으로 보고 소리를 듣고 냄새를 맡고 맛을 보고 손으로 만지는 것은 각각의 역할이 존재한다. 이 오감에 한 가지 더 마음^(心)이 더해지면 6가지 감각이 된다. 색성향미촉법^(色聲香味觸法)에서 법^(法)은 마음으로 느끼는 감각이다. 이 감각은 암묵지와 같은 것으로 여기에 도달하지 못하면 고수^(또는 장인)이 될 수 없다.

자기가 몸소 부딪쳐보고 시행착오를 거쳐서 계속 반복하고 내재화해야 스스로 일어나는 것이 '감각'이다. 스파르타식으로 배운다 한들 시간을 줄일 수 있을지는 몰라도 노력한 만큼 시간에 비례해서 감각이 나오는 건 아니다. 끝없는 반복 훈련 과정에서 생긴 직관력, 즉 촉이 감각이다.

안경사의 경우에는 손기술로 완성되는 피팅에서 확연히 드러난다. 직원을 가르쳐보면 흉내는 금방 내지만 디테일이 완성되려면 상당한 시간과 노력이 필요하다. 이 암묵지는 내가 가르쳐주고 싶어도 말로 표현이 안 된다. 보고 베낀다고 해서 바로 습득되는 것이 아니기 때문에, 배우는 사람도 어려워한다. 그래서 암묵지는 하루아침에 생기지 않는다.

일을 하는 데 있어서 우리가 최종적으로 목표를 삼아야 하는 것은 나만의 감각, 즉 센스다. 다행히 타고난 감각이 있다면 조금 더 쉽게 정상에 올라갈 수 있겠지만, 보고 행동하고 깨닫는 과정의 반복은 똑같이 거쳐야 완성될 수 있는 것이 감각이다.

이 감각은 타고나는 것도 있지만 배울 수 있다. 그래서 나보다 먼저 그 영역에 가본 사람을 찾아서 배우라고 하는 것이다. 그 미세하고 예민한 감각을 익힐 수 있는 사람은 스승을 추월할 수 있다. 이 감각을 배우는 것부터가 진짜 싸움의 시작이다. 여기서부터는 시간이 흐른다고 해서 누구나 되는 건 아니다. 어떤 사람은 빨리 되고 어떤 사람은 늦더라도 습득하고 어떤 사람은 그걸 습득하지 못한 채 하락세를 경험한다. 그래서 고수가 많지 않은 것이다.

매뉴얼이 감각을
커버할 수 없다

· · · ·

"경험은 인간에게 일어나는 일이 아니라,
일어나는 일에 대해 인간이 하는 행동이다."

— 올더스 헉슬리 —

한 조직에서 벌어지는 일에 대해 혼돈을 방지하고 기본과 원칙을 세우기 위해 매뉴얼을 작성하는 경우가 많다. 그렇다면 매뉴얼은 일을 잘하는 데 얼마나 기여할 수 있을까? 기성세대에 비하면 젊은이들은 어릴 때부터 매뉴얼에 익숙해져 있는 편인데, 일을 잘한다는 소리는 제대로 못 듣는다. 그 이유는 매뉴얼 때문이 아니라 감각을 잘 기르지 못했기 때문이다.

매뉴얼은 이런 경우엔 이렇게 하자는 최소한의 약속일 뿐이다. 사람 사는 세상의 일을 모두 다 매뉴얼로 만들 수는 없다. 아무리 세밀하게 매뉴얼로 만든다 한들 예기치 못한 일은 또 발생한다. 그보다 인간적인 기본을 가르치면 매뉴얼 없이도 해결되는 일이 많다. 예를 들면 위험한 상황이 발생하면 탈출하기 힘든 사람들을 도와줘야 한다는 가르침이 평상시에 있어야 선박 사고에 대응할 수 있는 것이다. 기본이 있다면 서구화된 매뉴얼이 필요 없을 때가 많다. 이것은 결혼 생활에도 적용되며 일하는 현장에도 적용된다.

우리 안경원에서도 업무 매뉴얼을 만들어놓은 것이 있다. 매번 잔소리하는 것보다는 그게 훨씬 효율적이어서 수정에 수정을 거듭해 완성했다. 그러나 새롭게 보완할 점이 생기면 내용은 달라질 수밖에 없다. 근래에는 예약제로 바꾸면서 매뉴얼을 또 바꾸었다. 직원 수는 줄어들었는데 일에는 지장이 없어야 하기 때문에 "이제 예약 손님 아니면 받지 말자"고 했다. 매뉴얼상으로는 예약 없이 온 손님이 있으면 예약제라는 걸 안내해드리고 돌려보내야 한다. 다만 신규가 아니라 재방문 고객이라면 많이 기다릴 수 있다는 걸 안내해드리고 받는 걸로 했다. 융통성의 여지를 남겨둔 것이다.

얼마 전 토요일에 이런 일이 있었다. 예약은 꽉 차 있었고 나는 뒤쪽에 앉아 있었는데, 어떤 할아버지가 들어오셨다. 처음에 초보 직원은 매뉴얼대로 "예약하셨어요? 저희가 주말에는 바빠서 예약하고 오셔야 됩니다"라고 안내했다. 그런데 내 느낌상으로 이 할아버지는 신규 고객이지만 받아야 할 손님이라는 판단이 들었다. 할아버지는 좀 젠틀한 인상이었고 무엇보다 안경이 엄청 두꺼웠다.

그때 우리 안경원에서 3년 근무한 직원이 초보 직원에게 속삭였다. "받아. 해준다 그래. 앉아 계시라 그래라." 그 말을 듣고 초보 직원은 접수를 받았고 할아버지는 앉아 계셨다. 그런데 주말에 손님이 너무 많다 보니 할아버지가 신경이 쓰였다. 너무 기다려서 안 되겠다 싶어서 내가 살짝 귀띔을 해주었다. "어르신인데 중간에 끼워드려라." 결국 그 할아버지에게서 100만 원짜리 매출이 나왔다. 나중에 초보 직원에게 포인트를 짚어주었다. "내가 점쟁이는 아니지만 보인다. 너도 할아버지의 말 표현이라든지 분위기를 봤을 때 VIP인지 알아차려야 된다. 그보다 도수를 봐라. 안경이 두꺼웠잖아."

지식이 좀 달려도 일 잘하는 사람은 상대가 무얼 원하는지 빨리 캐치해낸다는 특징이 있다. 일을 잘하는 사람

일의 무기

은 결국 감각으로 판명된다. 아주 똑똑하고 공부 잘한 아이들에게 일을 시켜보면 모든 걸 이론으로 푸는 경우가 있다. 들어보면 맞는 말이긴 한데 상대가 원하는 핵심을 못 읽는 경우가 많다. 일을 할 때는 상대적이다. 혼자서 일하는 게 아니라 상대가 있다. 혼자 공부하고 시험 치는 건 나 혼자만 열심히 하면 되지만, 상대성이 있는 '일'은 다른 사람이 있다. 그 사람이 원하는 니즈를 정확히 캐치하는 게 감각이고 센스다.

나를 알고
스스로 수행하라

· · · ·
·

"무엇을 모르는지를 아는 것이
지식의 가장 중요한 부분이다."

— 노자 —

일 잘 하는 사람의 '감각'은 세월만 버텨내면 얻어지는
것이 아니다. 그래서 자신이 감각적인지 아닌지 아는 것,
뭘 모르고 있는지 스스로 아는 것은 정말 중요한 일이다.
자기 행동을 객관적으로 인식하는 능력이 있어야 하는 것
이다. 불교에서는 이것을 '견성(見性)'이라고 하고, 교육계에
서는 요즘 '메타인지'라는 말을 쓴다. 간단히 말하면 '나를
아는 것'이다.

방법론적으로는 명상이 도움이 되며, 스님들은 견성
을 하면 "도를 닦는다"고 말한다. 첫 번째 화두로서 "이게

일의 무기

뭐냐?"가 있고, 더 나가면 "너 누구냐?", "너 왜 태어났니?" 하는 물음으로 이어진다. 나를 알고 객관화하는 것이다. 결국 인생은 이 문제를 푸는 과정이다. 한자로 풀면 自知 自修^(자지자수), 나 스스로를 알고 나 스스로를 수행하라는 것이다. 일 또한 이와 같으며, 열심히만 하면 누구나 성공 하는 건 아니다. 이게 인생의 진짜 비밀이다. 누구나 리더 가 될 수 없고 누구나 성공할 수 없기 때문에 일과 인생은 어려운 것이다.

유튜브 채널 영상 만드는 걸 도와주고 있는 아들이 어 느 날 내게 물었다. "아버지, 제가 너무 평범하게 사는 것 같은데 제가 잘 사는 거 맞아요?" 20대 시절을 사는 청년 들은 자신에게 확신을 가지기가 어렵다. 평범한 삶을 반 대로 말하면 특별한 삶이다. 사람들은 특별한 걸 찾지만, 특별한 삶은 문이 좁다. 그런 걸 따지기 전에 먼저 '나'를 잘 봐야 한다. 견성하는 것이다.

과연 나는 특별한 자리에서 특별한 삶을 살 수 있는가? 그럴 자질이나 능력이 있는가? 그럴 수 있는 성격이나 인 품이 있는가? 그걸 버텨낼 체력이 있는가? 스스로 계속 '나'에 대해 물어보고 객관화시켜 봐야 한다. 그럴 그릇이 못 돼거나 그럴 체력이 안 되면 차라리 평범한 사람이 낫다. 평범한 곳에서 나의 기준으로 잘 살면 되는 거다. 내가 프리미어 리그 소속일지, K리그 소속일지, 조기축구회 소속일지 처음엔 알기 어렵지만 삶에 꼭 필요한 인지 과정이다.

큰 그릇은 근사한 것이고 작은 그릇은 별 볼일 없다는 것은 편견이다. 내가 소화력이 약한데 큰 그릇에 잔뜩 담은 음식을 먹을 필요는 없다. 세상에는 특별한 사람도 있어야 되고 평범한 사람도 있어야 된다. 그보다는 내 가치와 내 의미를 가지고 살아가는 삶이 멋있는 것이다. 내게 특별함이 있는데 그걸 썩히고 평범하게 사는 것은 잘못이요, 내가 특별한 놈이 아닌데 특별한 것만 쫓아다니는 것은 욕심이다. 욕심은 결국은 화를 부르는 법이다.

내가 감당할 수 있는 능력을 스스로 안 다음에는 그 능력을 개발할 수 있다. 큰 그릇을 가지고도 조금씩만 채우면서 사는 것도 죄 짓는 것이지만, 그렇다고 내 그릇은 정해져 있다면서 포기하는 것도 재미없는 삶이다. 5%, 10% 능력치를 올리면서 기회를 찾고 가진 걸 온전히 쏟아내면서 사는 것도 의미 있는 삶이다. 자신을 안 다음에 스스로 수행하는 것이다(自知自修).

학교에서 항상 수학 문제 100점 맞고 항상 1등만 한다고 좋은 삶인 것만은 아니다. 처음엔 40점 맞았지만 '내가 수학을 못하는구나' 인지하고 공부를 하다 보면 60점 맞고 80점 맞을 수 있다. 올라가다 보면 또 기회가 온다. 늘 2등만 하던 아이도 그 항상성을 유지하고 있으면 1등이 실수를 하거나 지쳤을 때 기회를 잡을 수 있다. 스포츠 경기에는 그런 경우는 아주 많다. 항상성과 평정심을 유지하는 것은 그만큼 큰 의미가 있다. 이런 사실을 알면 덜 지친다.

'잼잼잼'에
세상의 원리가 있다

. . . .

"욕심을 어떻게 내려놓냐고?
욕심은 뜨거운 불덩어리와 같다. 그냥 놔라."

— 법륜 스님 —

　　대한민국 근대사에서 고성장 시대에는 일할 사람을 확
보하는 것이 급했기 때문에, 형식지만 충분히 습득하면
다들 먹고살 수 있었다. 그런데 앞으로 AI 시대에는 아무
래도 그게 쉽지 않을 듯하다. 다만 확실한 것은 지금까지
이 책에서 이야기한 고수의 세상, 즉 암묵지까지 가본 사
람들은 살아남을 것이란 점이다.

　　세상은 조금씩 조금씩 변화한다. 그걸 의식하지 못하
는 사람은 부지불식간에 변화가 일어났다고 말하지만, 사

실 변화는 어느 날 갑자기 오지 않는다. 새로운 정보와 자극은 항상 존재한다. 그걸 느끼고 모방도 해보고 자기화할 수 있는 변화력이 있는 사람만이 알아차릴 뿐이다. [그림 1]에서 '끝없는 반복'은 변수가 끝이 없이 나타나기 때문에 필요한 것이다. 이 변수는 내용이나 크기나 정도가 랜덤이라서 기계적으로 대처할 수가 없다. 이걸 알고 대응할 수 있는 사람은 AI 시대에도 인재로 살아남을 것이다.

이 변수를 아는 사람은 세상이 항상 새롭다. '또 새로운 게 오는구나' 하고 받아들인다. 그러나 자기가 배운 걸 마스터하고 나서 '이제 끝이다'라고 생각하는 사람은 새로운 파도가 오는 것을 거부한다. '나는 여기까지만 할래' 하고 자기 스스로 놔버린다. 그러나 '끝없는 반복'의 이치를 알면 놓을 수가 없다. 내 체력이 닿는 한 할 수 있는 데까지는 하는 것이 사람의 도리라고 생각한다. 그게 지금도 내가 일을 하고 있는 이유다.

일은 도 닦는 것이라고 말하는 사람도 있다. 스스로 수행하는 것인데, 나에게도 이것은 힘들고 어려운 과정이다. 그러나 인간이라면 누구나 이 과정을 거친다고 생각한다. 불교에서 모든 살아 있는 무리를 '중생'이라고 하고, 도를 깨달은 성인을 '부처'라고 하는데, 그 사이에 있는 존재가 '보살'이다. 보살은 깨달은 중생이란 뜻이다. 완전한 깨달음을 얻은 부처의 경지가 100이라면, 거기까지는 가지 못한 1~99의 사람이 보살이다. 이것을 일에 적용해도 똑같다. '나도 깨달음의 경지로 가겠다'고 마음먹은 초발심 보살이 1의 경지라면, 고수는 80 내지는 90 정도에 가 있는 것이다.

스님에게 이런 말을 들은 적이 있다. "중생은 탐진치(貪瞋痴)의 마음을 가지고 있어요. 욕심과 어리석음으로 욕망에 얽매어 살아가는 것이지요. 그걸 끊어내야 합니다." 탐진치를 놓고 살 수 있으면 우리는 중생에서 한 발짝 나아간 보살이라고 할 수 있다. 그러나 어쩌면 탐진치를 놔야 한다는 것 또한 욕심일지도 모르겠다. 평소에 나는 직원들에게 "내 걸 뺏어가라"는 말을 많이 해왔다. "내가 일일이 떠먹여줄 순 없지 않느냐. 아낌없이 뺏어가라"라고 말하는데, 문제는 뺏는 방법을 모른다는 것이다.

갓난아기가 태어나서 뒤집고 기어다니다가 혼자서도 앉아 있을 때쯤 되면 어른들은 잼잼잼을 가르친다. 놓고 쥐는 것을 가르치는 것이다. 욕심에 사로잡혀 돈만 쫓아가는 사람은 중생이다. 그러나 적당히가 중요하다. 너무 욕심을 내도 안 되고 욕심을 너무 안 내도 안 된다. 다른 것, 더 좋은 걸 잡으려면 손에 쥔 걸 버릴 줄도 알아야 한다. 잼잼잼은 쥘 줄도 알고 놓을 줄도 알아야 한다는 이치를 가르치는 것이다. 다른 말로 하면 균형을 잡으라는 것이다.

일에서 너무 욕심을 안 내면 돈을 못 번다. 반대로 쥐는 건 못하고 펴는 것만 할 줄 알아도 곤란하다. 그런 이치를 아는 사람은 벌 때 많이 벌고 아낌없이 주고 간다. 진짜 잘 살아가는 사람에게 세상은 중용이고 균형이다. 적당히 쥐고 적당히 펴면서 사는 게 현명한 삶이다.

변화력은
창의력으로 발현된다

• • • •

"창의성은 거의 모든 문제를 해결할 수 있다."

― 조지 로이스 ―

새로운 정보와 자극은 주변에 항상 존재하는데, 사람에 따라 상황에 따라 다르게 대응해야 하는 일이 생긴다. 이것을 응용이라고 표현해도 좋다. 예체능의 영역에서는 창의력이 요구되는데, 보통의 '일'에서는 이렇게 케이스 바이 케이스를 잘 다루는 응용력이 필요하다. 매뉴얼이 있다 해도 상황에 따른 대처 능력을 얻으려면 다양한 경험이 쌓여야 한다.

창의력은 타고난 것도 물론 있겠지만, 어느 정도 충분한 정보량이 내 안에 쌓였을 때 저절로 아웃풋으로 나오기도 한다. 일에서 창의력은 변화력이다. 경영자는 변화에 대응해 새로운 시스템을 만들어내는 창의력이 있어야 한다.

변화에 대한 두려움이 없고 도전적인 요소가 더해지면 창의력이 나온다. 변화를 감지하지 못하면 창의력이 안 나오며, 변화를 감지하고도 대응하지 않으면 창의력은 안 나온다. 그냥 가만히 있다면 아무 일도 생기지 않는다. 살면서 우리는 어떻게 바뀔까 늘 고민해야 한다. 변화된 세상에 대응해 나도 바뀌어야 무언가$^{(What)}$가 나온다.

일하는 사람이 새로운 걸 만들어내는 것은 어렵다. 그보다는 차라리 내가 어떻게 변할지 생각하고 행동에 옮기다 보면 그것이 쌓여서 창의력이 될 수 있다. 창의적인 것이라고 하면 뭔가 큰 것만 생각할 수 있지만, 변화에 대한 대응은 작은 것도 괜찮다. 예를 들어 식당에서 계절 변화에 맞춰 냅킨만 바꿔도 그것은 창의적인 변화 대응이 된다. 그런 작은 변화가 연속되고 몸에 배이다 보면 창의력이 발현된다.

1997년 굴절검사와 양안시검사가 모두 가능한 검안기 도입, 2002년경 대구 외곽 지역에서 명품 안경테 판매,

2011년 쓰리팩토리 매장에서 '공장가'를 표방, 2015년 티타늄 안경테 49,000원 판매, 광고 없이 입소문만으로 프로모션 성공, 매장에 번호표 뽑는 시스템 도입, 2021년 원가안경 프랜차이즈에서 '전 제품 2만원' 프로모션……. 이것들은 그동안 내가 변화에 대응하면서 만들어냈던 전략들이다.

주위에서 나에게 많이 묻는 질문이 "어떻게 그런 시스템을 다 만들어내세요?"라는 것이다. 3~4년 정도만 지나면 새로운 걸 자꾸 만들어내니까 궁금해하는 것이다. 그냥 만들고 싶다고 해서 만들어지는 것은 아니다. 매사에 '뭘 바꿔야 될까?' 수시로 생각하다 보니까 가능해진 것이다.

나의 스토리를 담은 책을 쓰고 나니 나도 변화가 생겼다. 그로 인해 피팅 관련 전문서적까지 쓰게 되었는데, 그 결과 매장도 바꾸고 시스템도 또 바꿨다. 한 번 정리된 콘텐츠를 가지고 어떻게 써먹을 수 있을까 생각하다 보니, '자석 피팅'이라는 걸 만들게 되었다. 피팅은 누구나 하는 건데 이것은 나만의 것이다. 없었던 것인데 새로운 창조물로서 '자석피팅'이라는 특허가 탄생한 것이다.

최근에 후배 안경사를 만났는데 "이야, 기가 막히게 만들었는데 어떻게 한 거예요?"라고 물었다. 사실은 나도 모른다. 일을 할 때 언제나 '어떻게 하면 발전적이고 뭔가 차별화된 걸 만들 수 있지?' 계속 생각을 하다 보니 뭔가 툭 나온 것뿐이다. 일이란 그런 것이다. 과정 없이 뭔가 큰 게 찾아지는 것은 아니다. 방향성을 가지고 계속 고민하다 보면 엉뚱한 것 같지만 새로운 창의성이 나올 수 있다.

Part. **3**

바짝 벌어서
평생 놀 수 있을까?

"얼마나 번다고
어린데 고생하지 마라"

• • • •

목표를 달성함으로써 얻는 것이 중요한 게 아니라, 목
표를 달성함으로써 당신이
어떤 사람이 되는지가 중요하다.

— 지그 지글러 —

그동안 우리 안경원에 많은 안경사들이 거쳐갔고 많은
손님들이 다녀갔다. 이 파트에서는 그들의 이야기를 통해
'나는 어떤 사람으로 어떻게 일하며 살 것인가'를 생각해
보는 계기를 마련해보려 한다.

얼마 전에 1년 4개월 정도 근무하다가 나간 직원이 있
다. 그는 졸업하고 안경사 면허증을 따자마자 우리 안경
원에서 일했다. 나중에 들은 바에 의하면 이 직원의 퇴사
에는 아버지의 입김이 꽤 작용한 것 같다. 부모님이 얼마
나 잘 사는지 자세히는 모르지만, "우리 딸, 거기서 적당

히 배우고 빨리 네 매장 오픈해라"라는 말을 계속 들은 것으로 보인다.

현재 40대, 50대 이상의 기성세대는 그동안 '일'에 대해 진지하게 고민해볼 시간을 갖지 못하고 살아왔다. 그래서인지 자식은 나와 경험치가 달라서 준비가 될 때까지 기다려줘야 제대로 성장할 수 있다는 사실을 간과하는 경우가 많다. 기성세대가 알고 있는 생존의 법칙을 아이들에게 섣불리 적용시키는 것이다. 지속 가능성을 확보하기 위해 어떻게 해야 하는지, 우리와는 다른 변화된 세상에서 살아갈 아이들에게 어떤 걸 가르쳐줘야 할지를 고민해야 할 것이다. 사실 세상이 이렇게까지 변화할지 누가 알았겠는가.

"주말에도 못 쉬는데 거기서 고생하지 말고 빨리 차려라"는 말은 쉽게 살라는 식의 메시지가 될 수 있다. 사장이 된 자녀에게 그런 말은 과연 도움이 될까? 그런 말을 자주 듣다 보면 외형적인 것만 보는 사고 습관을 가지게 된다. 일이란 겉으로 보이는 것이 전부가 아니다. '나도 저만큼은 할 수 있어'라는 생각이 들더라도 수많은 변수와 옵션들을 경험하지 못했다면, 결국엔 쉽게 생각하다가 패닉에 빠질 수 있다. '내 매장만 오픈하면 편하게 살 수 있다'고 생각하는 순간 성공할 확률은 극히 적어진다. 아버지도 사업을 잘 아는 사람이라면 "제대로 배워라"고 했을 것 같은데, 돈이 아무리 많아도 자식 교육은 별개인가 보다 싶어서 안타까운 마음이 들었다.

자신만의 이득을 위해 남을 이용하는 얇은 잔꾀를 보이는 사람이 가끔 있다. 한번은 아침에 출근해서 하소연을 하다시피 한 적이 있다. 너무 말을 안 들으니까 직원 교육도 다 필요없고 회의 시간에 인간적으로 호소해본 것이다. 그런데 한 직원이 갑자기 벌컥 우는데, 속으로 당황했다. '어 지금 그 정도 상황은 아닌데?' 싶었다. 얼핏 보기에는 마치 감수성이 예민한 사람이 마음의 울림을 받은 것처럼 보이지만, 그렇게 닭똥같은 눈물을 뚝뚝 흘릴 상황은 아니라서 '너무 과한데. 저건 액션이네'라는 생각밖에 안 들었다. 다른 직원들도 모두 당황한 눈치였는데, 나중에 알고 보니 직원들끼리도 비슷한 경험을 가끔 했던 모양이다. 겉으로 보여주는 데에만 익숙한 사람을 본 것 같아서 달갑지 않았다.

뭔가를 해보려는 의욕은 좋지만, 바람직하지 않은 방

향으로 그것이 발현되면 주위 사람들도 알게 된다. 시도를 해보려는 생각이 아예 없고 적당히 살려는 젊은이들에 비하면 목표 지향이 있다는 건 좋은 일이다. 그러나 너무 급하고 본인의 목표만 소중히 여긴 나머지, 자기가 몸담은 조직이나 사회에 해를 끼쳐도 된다는 태도는 곤란하다. 지속 가능성을 해치기 때문이다.

그런 사람들은 자신이 원하는 대로 안 되거나 자신이 무시당했다는 기분이 들면 상냥한 표정이 갑자기 돌변하는 모습을 보이기도 한다. 그런데 일이란 사람들 사이에서 벌어지는 것이기 때문에, 신뢰 관계를 바탕으로 서로 주고받으며 성장해야 가치가 있다. 일을 그저 돈에 얽힌 이해관계로만 놓고 보면 결국엔 오래 가지 못한다.

알다시피
일은 움직이는 것이다

. . . .

시작하는 가장 좋은 방법은
이야기하는 것을 멈추고 행동하는 것이다.

— 월트 디즈니 —

언젠가 아들의 친구가 고민이 있다고 해서 상담을 해
줬다. 축구를 했던 친구인데 "하고 싶은 게 뭐냐?"고 물었
더니 "돈을 많이 벌고 싶다"고 했다. 행동으로 옮기기 위
해 '1억 만들기 프로젝트'를 만들어 오라고 숙제를 내줬
다. 해온 걸 보니 호주에서 워킹홀리데이로 돈을 모으는
계획을 짰는데 실현 가능성도 충분하고 상당히 잘 만들
었다. 나중에 6개월쯤 시간이 흐른 뒤에 "그 친구 지금 뭐
하니?" 물어봤다. 그런데 들려오는 말은 "아직 방황하고
있어"였다.

물론 그 친구가 짰던 계획이 숙제를 하기 위해 당장 생각나는 걸 썼던 것에 불과했을 수도 있다. 하지만 방법이 없지 않다는 걸 깨달았으면 계획은 수정하더라도 행동으로 옮겨야 한다. 그런데 아직까지 행동은 없고 방황만 하고 있다는 건 좀 아쉬운 일이었다. 아이디어를 떠올리고 생각해내는 것은 어렵지 않다. 책을 읽든 유튜브를 뒤지든 찾아보고 계획을 만들 수는 있다. 그런데 정작 중요한 건 실행에 옮기는 것이다. 다들 아는 것이고 당연한 것이지만, 일이란 행동이고 움직이는 것이다. 움직임이 없다면 일은 진행되지 않는다.

언젠가 20대들 사이에 '가스라이팅'이라는 말이 흔하게 쓰이는 걸 보고 좀 놀랐던 경험이 있다. 교묘하게 타인의 심리를 조작하는 데 능수능란한 사람을 알아보고 자신을 보호해야 하는 것은 물론 맞다. 그중에는 직장 동료뿐 아니라 가까운 친구나 가족도 있을 수 있으니까 자기 중심을 잡아야 하는 것도 맞다. 그러나 열심히 살라는 단순한 조언을 가스라이팅이라고 하면서 '나는 그동안 세상에 속았다'고 하는 것은 곤란하다. 미디어가 생산해낸 자주 들리는 단어들 몇 가지를 가지고 방어기제를 만드는 것은 아닌지 생각해볼 일이다.

혹시 내 생각이랑 다르면 무조건적으로 '가스라이팅 당했다', '꼰대냐?' 등의 말이 튀어나오는 건 아닐지, 행동으로 옮기지 않는 핑계나 책임 회피의 수단으로 그런 말이 쓰이는 건 아닐지 생각해보면 좋겠다. MBTI도 마찬가지다. 상대방을 이해하기 위해서 만들어진 도구가 단정적으로 상대를 재단하는 데 쓰이는 건 아닐까?

1억 만들기가
무슨 의미가 있어?

• • • •

인내는 긴 경주가 아니다.
짧은 경주들 여럿이 차례로 이어지는 것이다.

— 월터 엘리엇 —

산업화 시대를 살아왔던 기성세대는 사실 돈을 버는
데에만 바쁘게 살아왔다고 할 수 있다. 그런 탓에 일에 관
한 철학 같은 건 모르고 살았던 사람이 많다. 일이란 것에
담겨 있는 가치보다는 일단 먹고살고 더 많이 가지는 것
을 성취라고 알고 살았다. 그러나 다음 세대는 기성세대
와 똑같은 걸 추구하며 살 수만은 없다. 결국 젊은 세대의
방황은 그들의 잘못도 있지만 미처 교육에 철학을 담지
못했던 부모들의 잘못이란 생각이 든다.

일은 작은 것부터 발전시키고 키워나가는 것이다. 일

에 나의 가치가 담긴다는 사실을 알았든 몰랐든, 작더라도 나의 존재가 드러나는 부분이 충족되지 않으면 방황하게 되는 것인지도 모른다. 일에서 나의 가치는 스스로 노력하면서 단계별로 올려야 한다. 투자자가 자산을 늘리기 위해서는 일단 1억을 만들어야 하듯, 뭔가에 도전해서 작은 성취를 이뤄내는 것이 중요하다. '일단 해보기'를 해야 다음 프로젝트를 도전하는 것이 쉬워진다. 그렇지 않으면 부자 되기는 어렵다. 1억도 못 벌었는데 10억을 꿈꾸고 100억, 1000억을 꿈꿔봤자 소용없다. 노력 없이 갑자기 운이 좋아서 대박을 맞길 바라는 것으로 시간을 흘려보내는 건 무의미하다. 혹시라도 그렇게 운 좋은 대박을 맞은 사람들 중에 끝이 좋은 사람을 본 적이 없다.

누군가 부자가 되는 과정을 이렇게 비유한 적이 있다. 20대는 0에서 1억을 만드는 과정이고, 30대는 그 1억을 가지고 10억까지 가보는 것이다. 그리고 40대는 10억으로 100억까지 가져가는 것이다. 그런데 제로[0]에서 처음 1억을 버는 것이 가장 어렵다. 1억으로 10억을 만드는 건 조금 더 쉽고, 여기까지 왔으면 10억으로 100억을 만드는 건 순탄해진다는 것이다. 그런데 제로 베이스에서 100억

만 쳐다보면서 "1억 만드는 게 무슨 의미가 있어"라고 말하면 도둑놈 심보가 되는 것이다.

드라마 '재벌집 막내아들'에서 1987년의 진양그룹 손주 진도준은 할아버지가 낸 퀴즈를 맞춘 상금으로 분당 땅을 갖고 싶다고 한다. 10년을 기다려서 분당 땅 5만 평을 현금으로 바꾼 걸 씨드머니로 삼아서 진양그룹을 자기 돈으로 살 것이라는 목표를 향해 돈을 불려나간다.

시대적으로 지금의 20대, 30대는 혹하는 마음이 생길 수 있는 환경 속에 있긴 하다. 암호자산 시장에서 코인으로 100억을 벌었다느니, 100배 수익을 얻었다느니 하는 이야기를 들은 탓에 '100억을 봐야 부자가 되지, 그깟 1억이 대수냐'라며 마음이 쉽게 휘둘릴 수도 있다. 자신은 1년에 1천만 원, 2천만 원 모으는 것도 허덕대는데 누군가 10억, 100억을 벌었다고 하면 일단은 힘부터 빠질 것이다. 그 사람이 코인 투자 공부를 치열하게 했든, 10년 전 비트코인이 100만 원도 안 할 때부터 투자를 했든 과정은 관심이 안 가고 결과만 보이는 것이다.

옛말에 쉽게 번 돈은 쉽게 나간다고 했다. "누구는 한 방에 큰돈을 벌었대"라고 유혹하는 말이 들릴 때는 그 사람이 그 돈을 얼마나 유지하고 있었는지 뒷이야기를 꼭 추적해보기 바란다. 운동을 할 때도 꾸준히 근력을 키워서 몸을 만든 사람과 약을 먹으면서 빨리 근육을 키운 사람은 나중이 다를 수밖에 없다.

딱 10년만
바짝 일하고 은퇴하기

••••

천천히 가는 것은 상관없다,
멈추지 않는다면.

— 공자 —

쉽게 한방에 돈 벌고 싶다는 생각을 하는 사람은 노동으로 돈을 번다는 생각 자체를 하기 싫어한다. 이유는 힘든 게 싫은 것이다. 그러다 보니 투자 쪽으로만 눈을 돌린다. 남의 떡이 커 보이는 것이다. '쉽게 돈 벌고 싶다', '편하게 돈 벌고 싶다'에 사로잡히면 땀 흘려 돈을 버는 사람이 한심해 보이기 시작한다. 주식, 코인, 부동산으로 돈을 번 사람은 노력의 시간 없이 한순간에 떼돈을 번 것으로만 생각하며, 그것을 마냥 부러워하고 어설프게 따라하려고 한다.

일의 무기

노동이라고 하면 부정적인 이미지가 떠오르는 사람도 있겠지만, 노동이든 일이든 그것은 에너지를 만들어낸다. 일을 단순히 돈을 버는 행위로만 보면 '힘들다'는 생각이 먼저 떠오르겠지만, 일에는 가치가 담긴다는 생각을 하면 달라진다. 일을 큰 범위에서 생각하면 경제다. 이 말은 원래 경세제민^(經世濟民)을 줄인 말이라고 한다. 풀이하면 세상을 다스리고 백성을 구한다는 뜻이다. 일이 먼저이고 돈은 뒤따라온다는 사실이 '경제'라는 단어에도 담겨 있다.

'일'을 한자로 써보면 '일 사^(事)'다. 뜯어보면 '一^(일)'과 '中^(중)'과 '丑^(축)'를 합한 것이다. 풀이하면 일이란 하나의 중심축이라고 할 수 있다. 일하는 사람의 중심이 흔들리면 일은 제대로 굴러가기가 어렵다. 일에서 한 길을 파는 사람은 중심축을 잘 찾고 유지하는 사람이며, 그래서인지 다른 사람들의 인정을 받게 된다.

일은 곧 에너지다. 생명을 유지하려면 에너지 없이는 살 수가 없고, 에너지를 만드는 배터리 역할을 하는 것이 일이다. 내 몸과 내 삶에 에너지를 충전하려면 일은 멈추면 안 되는 것이다. 워크 앤 라이프 밸런스^(워라밸)를 외치더라도 기억해야 할 것은 일과 삶이 분리된 게 아니라 삶 속에 일이 있다는 것이다. 그리고 그것은 끊임없이 굴러가야 한다는 것이다.

20대, 30대에는 '10년만 바짝 몰아서 일하고 돈을 많이 벌어서 투자해놓고 나머지 인생은 즐기면서 살고 싶다'고 생각하는 사람이 꽤 많다. 그런데 정말 10년 바짝 벌고 50년 놀면 인생이 즐겁고 행복할까? 그것은 '일=돈'이라고 생각한 결과이다. 그러나 일과 삶에서 돈은 전부가 아니다.

미국 원주민인 인디언들의 생활을 엿보면 일의 중요성을 알 수 있다. 미국 인디언은 현재 보호구역 시설 내에서 정부의 보조 혜택으로 살아가고 있다. 19세기에 인디언들과 전쟁하던 미국인들이 그들을 통제하기 위해 취한 전략은 시설 내에서 무료하게 지내는 데 필요한 지원만 하는 것이었다. 직업 알선 등 자립을 위한 적극적인 지원은 하지 않으며, 카지노를 합법적으로 운영할 수 있도록 해놓았다. 인디언들은 빈곤과 실업으로 의욕을 상실한 채 어렵게 살아가기 때문에 카지노마저 없으면 생계가 힘들다. 보호구역 내에 연방법의 효력을 정지해놨기 때문에 마약 거래가 쉽게 이뤄지며, 전기나 물이 부족하고 신선

일의무기

한 야채가 귀해 비만율도 최고다. 게다가 알코올이 싸서 중독자가 많다. 학교는 무료이지만 교육 환경은 열악하고, 다음 세대에 전통을 물려주며 그것을 유지하며 살겠다는 의지는 꺾인 채로 그들은 살아간다.

우리 몸속에서 어느 한 곳에 순환이 막혔을 때는 질병이 생기는 법이다. 에너지는 순환이 핵심이다. 에너지가 돌고 돌지 않으면 생명은 끝난다. 일이 에너지라고 생각하면, 일을 하지 않을 때 그 존재는 에너지가 소멸되는 것이다.

일 없이 놀기만 하면
정말 행복할까?

. . . .

성공을 위해 애쓰지 말라.
대신 가치 있는 존재가 되기 위해 분투하라.

— 알버트 아인슈타인 —

20대, 30대에는 일하는 것이 힘들거나 귀찮아서 죽을 때까지 놀고 먹을 수 있는 재산이 있었으면 좋겠다고 꿈꾼다. 그런데 정말 스무살부터 아흔살까지 계속 일 없이 놀기만 하면 행복할까?

평균연령이 높아진 요즘 기성세대에게는 '100세까지 살 위험에 대비하고 있는가'라는 화두가 있다. 손님 중에 경찰관이었다가 퇴직한 어르신이 안경원에 왔길래 물어보았다. "요즘 뭐 하고 지내세요?" 그랬더니, "뭐 할 일 있

일의 무기

나요" 하신다. 슬렁슬렁 놀기도 하는데, 몸은 아직 팔팔하고 내 일은 없는 상태가 그리 좋지만은 않다고 했다.

그러면 주위 사람들은 어떠냐고 물어봤더니, 경비 일을 하는 친구도 있고 돈이 좀 있으면 여행을 다니기도 한단다. 공무원은 연금이 나오긴 하지만 물가가 올라서 생활비로 쓰기에도 벅차다고 했다. 친구들 중에는 치킨집을 하거나 커피숍을 하는 경우도 있지만, 그야말로 쫄딱 말아먹는 경우도 많다고 한다. 친구 중에서 그런 대로 괜찮은 경우가 있다고 해서 들어보니 자격증이 있는 사람이었다. 건설 자격증, 소방 자격증 등을 갖고 있어서 고문으로 가는 경우엔 괜찮다고 한다. 그 손님과 이야기를 나누고 난 뒤 명함에 대해서 생각해봤다. 결국 내 이름 앞에 평생 들어가는 '일' 또는 직업이 필요하구나 하는 생각이 들었다.

인간이 120세 이상 살게 되면 직업을 3번은 바꾸며 살아가야 한다는 말이 있다. 다음 세대는 120세 이상 살 위험을 대비해야 할지도 모르는데, "일 안 하고 대충 살래요"라는 자녀가 있으면 심각하다는 생각이 안 들 수가 없다.

경찰관이었던 손님은 안경을 맞추고 가면서 내게 "그 직업은 좋죠?" 하고 갔다. 의지만 버리지 않는다면 죽을 때까지도 계속 할 수 있는 내 직업에 새삼 더 고마운 마음이 깊어졌다. "어릴 때부터 내가 정말 하고 싶었던 일이냐?" 묻는다면 그렇지는 않다. 얼떨결에 내 무대를 잘 만들어왔다 싶기도 하지만, 일이란 길게 봐야 하는 것임은 틀림없어 보인다. 일은 먹고사는 문제뿐 아니라 존재의 가치를 담고 있는 것이니까 말이다.

"아버지께서 일하고 계시니까
나도 일한다"

. . . .

성공은 얼마나 높이 올랐느냐가 아니라,
세상에 얼마나 긍정적인 차이를
만들었느냐 하는 것이다.

― 로이 T. 베넷 ―

"내가 돈을 좇지 말고 돈이 나를 좇게 해라." 이런 이야기를 해도 20, 30대들은 귀에 잘 들어오지 않는 것 같다. '계속 돈이 없으면 어떡하지?'라는 불안감 때문인 것 같다. 그런데 사실 이건 상대적으로 돈이 없는 것에 대한 불안감이라고 해야 더 정확하다. 인생은 결국 길게 봐야 한다. '일'이란 산소와 같아서 이것이 존재하기 때문에 우리가 숨 쉬고 살아가는 것이다. 그래서 오래 지치지 않고 할수 있는 일이 있다는 건 축복이다.

한번은 성경 말씀에도 이런 이야기가 있다는 걸 알고

깜짝 놀랐다. 요한복음 5장 17절에 예수님께서 "내 아버지께서 여태 일하고 계시니 나도 일하는 것이다" 하고 말씀하셨다는 것이다. 유다인들의 축제 때 벳자타 못 가에서 38년간 앓던 병자를 고치셨는데 그날이 안식일인데 노동을 했다며 예수님을 박해하자 그와 같이 말씀하셨다고 한다.

이 우주를 생각해보자. 보통 우주의 나이를 약 138억 년으로 추정하는데, 그 세월 동안 우주는 잠시도 안 쉬고 일을 했다. 우리 인간들을 먹여살리느라 잠시도 쉬지 않고 일한 세월이 나는 대단하다고 생각한다. 이 우주 안에서 많은 사람들이 생명을 유지하면서 먹고산다. 우주의 기운은 하루도 안 쉬는데, 왜 인간은 쉬고 싶어 할까? 생명은 우주의 큰 틀에서 벗어나면 안 된다. 이 우주는 하루도 안 쉬고 움직이며 나를 돕고 있는데, 이 얼마나 감사한 일인가. 쉽게 말해 삼라만상이 돌아가는 것이 우주의 '일'이다. 그래서 피조물인 우리도 사실은 일할 때 행복감을 느끼며, 일할 때 정상적인 삶이라고 느끼는 것이다. 그리고 그것의 부산물이 돈이다.

공자도 이와 같은 맥락의 이야기를 한 바 있다. 여행을 하고 있던 중에 함께 했던 제자가 공자에게 물었다. "스승

일의 무기

님, 왜 우리는 매일 계속해서 수업을 해야 합니까? 잠시 여행을 즐기면 안 됩니까?" 그러자 공자는 가까운 들판으로 제자를 데리고 갔다. 그곳에는 큰 강이 흐르고 있었고, 강물은 멈추지 않고 계속 흘러갔다. "보거라. 이 강물이 어떻게 흘러가는지. 강물이 멈추지 않고 계속 흐르듯 우리의 학문과 수양도 멈추지 않고 지속되어야 한다. 만약 강물이 멈춘다면 어떻게 될까 생각해보아라. 고여서 썩게 될 것이다. 마찬가지로 우리의 지혜와 덕도 계속해서 연마하지 않으면 퇴보하게 되느니라."

이 이야기는 앞서 말한 무극의 원리와 연결된다. 꾸준한 기운의 순환은 인간의 삶에도 적용된다. 학문과 수양을 지속하는 것은 공자의 '일'이었을 것이다. 일에 대한 지속적인 노력은 개인의 발전을 가져오며 사회 전체의 조화로운 발전에도 영향을 미치게 되는 법이다.

일터로 가면서
신이 나는가?

• • • •

일이 즐거우면 세상은 낙원이요,
일이 괴로우면 세상은 지옥이다.

— 막심 고리키 —

진주에서 5시간 동안 차를 운전해서 내가 운영하는 안경원으로 찾아온 손님이 있었다. 서른여덟의 남성이었는데, 유튜브에서 보고 안경을 맞추러 왔다고 했다. "와, 대단하다! 왜 그렇게 멀리까지 왔어요?" 했더니 안경도 맞출 겸 물어볼 게 있어서 왔다고 한다. 안경을 고르고 기다리는 동안 매장 위층의 내 사무실로 데려가서 이야기를 나눴다. 그는 형님이랑 국밥집을 운영한 지 3년 정도 됐고 진주에서 3개의 매장을 운영 중이라고 자신을 소개했다. 형님이랑 일하다가 친구 몇 명이 나중에 합류해서 같이 일하고 있다고 했다.

하고 싶은 이야기가 따로 있는 것 같은데 쭈뼛거리며 쉽게 말을 꺼내지 못하는 듯해서, 가까운 사람과 동업하면서 겪게 되는 인생살이 이야기를 툭툭 던져보았다. "형님은 보스, 동생은 따까리가 돼버리는 일도 있을 거고, 형님 친구까지 합류했으면 더욱 고생이 많겠어요" 했더니, "사실은요" 하면서 이야기를 꺼냈다. "우리 형님한테서 독립하고 싶어요." 그동안 자신이 애 먹인 일도 있고 인간적으로 배신자 소리는 듣기 싫고 하니까 고민이 되는 눈치였다.

"걱정하지 말아요. 너는 너고 나는 나죠. 동업이든 뭐든 사람들이 결국 파탄 나는 건 기한을 정하지 않아서 그래요." 진정한 형님이라면 결국은 동생을 응원할 테니 빨리 나오라고 말했다. 형님도 처음엔 기분 나쁠 수 있지만 누구든 언젠간 다 헤어지는 법이니까 같이 일한 지 3년이 지난 지금이 가장 적기일 것 같았다.

그러면서 나는 질문했다. "국밥집 왜 하고 있어요?" 그랬더니 그는 "에?" 하면서 놀란다. "국밥집을 왜 하는지 모르면서 하고 있어요?" 물었지만 그는 계속 대답을 못했다. 물론 먹고살려고 했을 것이다. 취직하는 것보다 장사하면 수입이 좋을 것 같으니까 선택했겠지만 일의 개념이 없이 시작했으니까 대답을 못하는 것이다. "나의 경우에는 옛날부터 '1등하고 싶어서'예요. 지금도 아직 못했지만 그래도 1등 하고 싶어요" 했더니 그가 웃었다.

"그런데 형님 국밥집에서 나와서 뭐하고 싶어요?" 그는 또 대답하지 못했다. "술집 서빙도 해보고 이 알바 저 알바 안 해본 게 없다면서요. 재주가 좋으니까 이것저것 많이 해봤겠죠. 나는 할 줄 아는 게 안경밖에 없어서 이것만 계속 했어요." 그러면서 뭐하고 싶냐고 다시 물었더니 그는 "없는데요" 한다. 일단 스트레스 받으니까 형님에게서 벗어나고 싶은 듯 보였다. 형은 "이거 해, 저거 해" 시키는 걸 주로 했을 테고, 동생은 아무리 일해도 잘한 티도 별로 안 나는 상황에 답답했을 것이다. 충분히 잘 알지만 나는 "하고 싶은 것부터 찾아라"고 조언했다. 다만 안에서는 그게 안 보이는 법이니까 밖에 나와서 찾아야 한다고 말했다.

"그건 오직 자신만이 찾을 수 있어요. 대신 지금 서른여덟이니까 대답이 정해지면 이제부터는 무조건 올인해야 돼요. 이제부터는 바꾸면 안 되고, 죽이 되든 밥이 되든 거기에 인생을 맡겨야 됩니다." 나는 당부했다.

나는 먹고살기 위해서 안경사로 일하기 시작했다. 처음엔 생존을 위해서였지만 다음엔 달라졌다. '왜 이 일을 하는가?' 스스로에게 묻고 답하는 훈련을 하다 보니 일하는 방식과 태도가 바뀌었다. 자신이 할 수 있는 것과 할 수 없는 것, 진정으로 좋아하는 것과 잘 할 수 있는 것을 그렇게 해서 찾아야 한다. 그러면 일을 즐기면서 할 수 있고, 일이 즐거우면 일터는 낙원이 된다. 반면 의무나 부담으로 일을 하는 사람들은 하루하루를 힘들게 살아갈 것이다.

일을 즐겁게 하기 위해서 필요한 것은, 첫째 일의 결정권이 자유로워야 한다. 내가 하는 일에서 내 마음대로 할 수 있을 때 더 몰입하고 집중할 수 있다. 둘째, 일과 개인적 가치가 일치할 때 일이 즐거워진다. 또한 직업적인 성취감도 높아진다. 셋째, 일로 인해 성장과 발전을 경험한다면 일이 즐거워진다. 자신의 역량을 키우고 새로운 도전을 경험할 수 있는 환경이어야 한다.

일을 즐기면 세상을 긍정적으로 본다. 긍정(肯定)에서 긍(肯)은 즐길 긍이다. 일을 즐기면서 긍정적으로 보면 모든 것이 순조롭고 원하는 대로 이루어진다는 뜻이다. 일을 부정적으로 보면 모든 것이 뜻하는 대로 흘러가지 않고 막힌다. 즐거움은 주관적인 것이지만 일의 의미를 알고 만족을 찾을 때 일터는 낙원이 된다.

일하는 사람의 얼굴엔
생기가 돈다

• • • •

당신이 하는 거의 모든 일은 사소하다. 하지만
당신이 그것을 한다는 것은 매우 중요하다.

— 마하트마 간디 —

안경사는 눈을 자세히 보며 일해서 그런지 손님을 보면 그 사람 성격까지 보일 때가 많다. 70대 후반의 단골손님이 오랜만에 오셨길래 안부를 물었더니 그만뒀던 회사에 다시 나가고 있다고 했다. 그는 강단 있어 보이지만 예민함이 있는 사람이었는데, 처음 방문했을 때 "뭐 하시는 분이에요?" 하고 물었더니, 자신을 기술자라고 했다. 제조 공장에서 어떤 전문적인 기술로 일하는 사람인 것 같았다.

산업화 시대의 역군이었던 우리나라 기술자들을 보면

아주 예리하고 예민한 사람들이 많다. 그런 예민함 덕분에 우리나라 산업의 기초가 만들어졌다는 생각이 든다. 안경을 맞출 때도 그들은 아주 까다로워서 작은 기울기 차이에도 엄청 예민하게 느끼고 수정을 요구한다. 어떤 일을 평가할 때 그들은 자기 기준이 엄격해서 예민한 건데, 성격이 보이니까 안경 피팅도 신경 써서 맞춰주곤 한다.

이분이 하는 말이 그전에 회사를 그만둘 때 초보와 숙련자의 월급이 100만 원 차이도 안 나다 보니까 짜증이 나서 월급 인상을 요구했단다. 그런데 10만 원밖에 안 올려주길래, 일도 하기 싫고 화도 나서 "일을 그만하겠다"고 선언했다고 한다. 그후로 회사는 젊은 사람들을 썼는데 일이 제대로 안 되니까 "50만 원을 더 주겠다"고 다시 제안했고, 받아들여서 다시 일하게 됐단다.

이분도 놀아보니까 별것 없고 해서 회사가 먼저 내민 손을 잡은 것 같았다. 월급은 실수령액으로 400만~500만 원을 받는다고 한다. "다시 나가니까 어때요?" 물어보니까, "놀이 삼아서 일해"라며 미소짓는데, 얼굴이 생기 있어 보였다. 그전에 놀고 있을 때랑은 얼굴이 아주 달랐다. 일이 없을 때는 맥이 풀린 사람처럼 보였는데, 일이 있으

일의 무기

니까 뭔가 기가 있어 보였다. 이분을 보면서 '아, 일은 그래서 해야 되는구나'라는 생각이 들었다. 원래 자신이 하던 일이고, 나이 70 넘어서 400만 원 이상 벌면 누가 봐도 괜찮은 상황이었다.

나이를 먹고 흰머리가 희끗하지만 얼굴에 생기가 퍼져 있는 이분을 보면서 다시 한 번 '일은 에너지가 맞구나' 하는 생각을 했다. 아무리 통장에 돈이 많아도 그건 진짜 에너지는 아니다. 최소한의 움직임을 위해 쓰는 연료인 것은 맞지만, 나를 충족시키는 에너지는 절대로 되지 못한다. 통장에 그저 존재하는 숫자인 돈과 직접 몸을 움직여서 내 가치를 발휘해낸 결과로 만들어내는 에너지는 차원이 다른 것이다. 돈만 있는 사람은 맥아리가 없다. 골프치고 좋은 음식을 먹고 사람들 만나서 수다 떨고 해외여행을 가는 게 나쁘진 않지만, 일상을 일로 채우는 사람의 즐거움과는 결이 다르다.

시대가 바뀌면서 이제는 일에 대한 개념도 다시 정립해야 할 시기가 왔다. 예전에 일은 힘들고 어렵고 빨리 그만두고 싶은 것이라 생각했지만, 그것은 일과 '나'를 분리시켜서 부정적인 요소만 부각됐기 때문이다. 일과 '나'는 겹쳐 있는 것이다. 일을 그만두고 돈이 있다면 그때부터 내 삶이 있고 인생이 즐거워지는 것이 아니었다. 일이 없고 돈은 많아서 놀러다니면 처음엔 재미있고 좋겠지만 점점 나의 존재감을 느낄 수 없어 뭔지 모를 결핍감을 느끼기 시작한다. 이제는 일을 통해 사람도 만나고 문제를 해결해가면서 뇌가 건강한 스트레스를 받는 그런 쾌감에 대한 이야기를 해야 할 시대가 왔다.

성공 못해도
좋아하는 일을 해야 하는 이유

. . . .

진정한 성공은 평생의 일을
자신이 좋아하는 일에서 찾는 것이다.

— 데이비드 매컬로 —

산업화 시대에는 솔직히 일을 하는 이유가 먹고살려고 '돈을 벌기 위해서'가 1순위였다. 그러다가 2000년대에 자기계발 붐이 일면서 부와 성공은 시대의 키워드가 됐다. "부~자 되세요"라는 카드 회사의 광고가 등장한 이후에, 또 다른 광고에서는 어린아이가 "아빠, 성공이 뭐야?"라고 묻기에 이른다. 책 제목들도 성공하는 사람들의 어쩌고 저쩌고 같은 패턴이 많았다. 사실상 그때는 성공을 돈과 동일한 말로 생각했던 것 같다. 조금 더 의미를 확장하더라도 성공이란 명성이 약간 가미된 부(富)였다.

그후로 시간이 지나자 자기계발에 너무 혹사됐던 반작용이었는지, 욜로, 워라밸 같은 개념들이 등장했다. 그런데 최근에는 여기에 대한 반대 의견이 나오기 시작했다. '해보니까 아닌 것 같아'라는 느낌이다. 결과적으로 방향을 잘못 잡은 것이라는 자성의 목소리라고 봐야 할 것이다. 사람들은 '어, 이쪽이 아니네'라고 깨닫기 시작했다. 이제 다음 시대는 좀 다른 관점의 일 이야기를 해야 할 차례가 왔다고 생각한다.

쉽게 말하면 일은 곧 명함이다. 아무리 내 통장 잔고가 100억 원이나 1천억 원이어도 그걸 내 명함에 적을 수는 없다. 돈이 '나'를 나타낼 수는 없다. 일을 하고 있는 사람만이 명함에 적을 것이 있다. 일은 움직이고 뭔가를 생산해내는 것인데, 여기엔 NGO 활동가처럼 돈의 개념을 벗어나 누군가를 돕는 일도 포함된다. 이 일을 통해서 인간은 '나는 아직 살아 있다'는 것을 느끼는 게 아닐까 하는 생각이 든다.

놀러다니는 것은 나에게 재미를 주는 쾌락이다. 그에 비해 일을 하는 사람들은 의미 있는 삶을 산다. 자기가 보내는 시간이 생산적이고 즐겁다. 나이 들고 몸이 힘들어

일의 무기

도 책임져야 할 일이 있음으로 인해 의욕적이다. 일을 하지 않아도 돈이 있는 사람은 금전적인 스트레스는 안 받겠지만, 내면에 있는 빈곳이 안 채워진다. 뭔가 찜찜하고 마음속 결핍으로 인해 불안하거나 공허하다. 심심하고 삶의 의욕이 없는 사람도 있다.

돈 버는 것을 1순위로 삼던 시대가 양(量)의 시대였다면 지금은 질(質)의 시대다. 세상에 대한, 타인에 대한 나의 기여도가 있느냐, 없느냐에 따라 일의 가치가 담긴다. 특히나 나이가 들었을 때 일은 세상을 위해 뭔가를 생산하는 것, 이타성(利他性)을 채워준다. 사람들을 편리하게 해주고, 그 편리함에 내가 기여할 수 있는 일을 할 때 에너지가 생기고 순환되는 것이다.

그동안 우리는 양보다 질을 중요시하는 것을 제품이나 상품에만 적용해왔는데, 이제는 사람에게도 그걸 적용해야 하는 시대가 왔다. AI 시대에는 더욱더 그렇다. 일은 해도 되고 안 해도 되는 것이 아니다. 자신의 존재감을 느끼는 것이 일이기 때문에 일은 그 자체로 의미가 있다. 성공하기 위해서 일을 하는 것도 좋지만, 성공하지 못해도 일은 해야 하는 것이다. 특히 그것이 자기가 좋아하는 일이면 더할 나위 없을 것이다.

왜 20대에
돈을 좇으면 안 될까?

• • • •

만약 목표를 상실했다면 아무리 열심히 해도
힘은 두 배로 든다.

— 조지 산타야나 —

일의 개념은 나이에 따라서 의미가 달라지기도 한다.
20대, 30대 초중반에 일이란 실력이나 능력을 쌓고 만들
어가는 과정이다. 20대는 기술을 습득하고 일꾼이 되는
데 정진해야 한다. 농사로 말하면 씨를 뿌리고 모내기를
하고 잡초를 뽑아내고 비료를 줘야 한다. 이때는 큰 수확
을 위해 투자하고 버티는 시기다.

30대 후반부터 40대에 일이란 경제적인 자유를 위해서
종자돈을 불려나가는 과정이다. 이어서 50대까지는 정말
열심히 일하면서 수확을 위해 노력해도 된다.

60대 이상은 인생의 화두를 던져보는 과정을 거친다. 나이가 들면서 하는 '일'은 잘 죽기 위해서 하는 것이다. 인생의 숙제를 찾아서 완수하고 의미 있는 삶을 만들어보는 것이다. 노년의 일은 죽을 때 웃으면서 후회 없이 죽기 위해서 해야 하는 것이다. 나를 잘 다듬어서 인생을 잘 살고 열심히 일하다가 잘 죽는 삶으로 만드는 것이야말로 노년의 목표가 아닐까 싶다.

20대의 사회 초년생들은 연봉에 휘둘리는 경우가 많은데, 돈은 20대부터 쫓는 것이 아니다. 능력 개발이 돼 있어야 비로소 40대 전후로 돈을 쫓는 것이 의미가 있다. 가진 게 없는데 돈을 쫓으면 씨앗이 너무 작아 잘 자라지도 않는다. 혹시라도 운이 좋아 20대에 돈을 벌었어도 그건 오래 가기가 힘들다. 열매는 40대에 따야 인생이 효율적이다.

농담으로 던지는 말이긴 하지만, 20대는 새싹비빔밥을 먹을 때 찔리는 마음이 들어야 한다. 열매를 잘 맺을 수 있는 나무로 잘 키워서 과실을 따 먹어야지, 이제 겨우 싹만 났는데 먹으려고 하는 건 어리석은 짓이다.

그런데 이런 이야기는 사회생활을 오래 한 40대 이상

은 알아듣지만, 어린 친구들에게 호소하기에는 어려움이 많다. 좋은 얘기라고 생각해서 말을 해준다고 해도 말을 듣지 않는다. 요즘 아이들을 '선진국형 자녀'라고 말한다는 이야기를 들었다. 한마디로 부잣집 아이들은 계속 집 안에 돈이 있다고 생각하고 제로 베이스에서 시작하려는 노력을 아예 하지 않는다는 것이다. 집안이 망해봐야 알아들을 수 있는 이야기인 것이다.

아이들이 성장할 때는 적당한 결핍을 만들어주려는 노력을 하는 것이 좋다고 생각한다. 그러나 시대 분위기가 여의치 않다. 어느 날 아침에 안경원을 오픈하자마자 한 여성이 들어왔다. 2층의 쇼룸에서 안경테를 고르고 결제하러 1층으로 내려오는 데까지 걸린 시간은 딱 10분이었다. 골라온 안경테는 150만 원이 넘는 까르띠에 명품이었는데, "안경 좋은 거 하시네요"라고 했더니 걸걸한 성격의 이 여성이 하는 말이 인상적이었다. "제가 열받아서요."

손님은 늦게 결혼을 했는지 아이 학교에 가면 학부모 중에 나이가 좀 있는 편이라고 했다. 자신이 좀 허름한 차림으로 가면 나이가 좀 어린 학부모들이 대화에 끼워주지 않고 무시하는 티를 낸다고 했다. 자신이 전에 쓰던 안경은 구찌였는데 그 정도론 급이 떨어진다며 아이까지 왕따

시키는 것 같아서 '나 이 정도 해' 하는 심정으로 안경테를 골랐다고 했다. 그 얘기를 들으니 참 세상이 희한해졌다는 생각이 들었다.

옛날에는 우리 집이 가난하다는 걸 알면 아이가 독기를 품고 열심히 했는데, 요즘엔 무기력해지고 기가 죽는다. 선진국에서 태어난 아이들을 둘러싼 문화가 다른데, 옛날처럼 이래라 저래라 얘기를 해봐야 어긋나기만 할 테니 어찌 할 도리도 없다. 주입식 교육은 통하지 않고 본인이 직접 경험해봐야 알 수 있으니, 부모의 교육으로서 뒤집지도 못한다. 그렇다면 상황을 인지하고 부모가 성실히 일하고 있다는 걸 보여주고 상기시켜 주는 것밖에는 방법이 없다. 나에겐 초등학생 막내아들이 있는데, 아이는 주말에 쉬지만 나는 출근을 하기 때문에 이 점을 때때로 떠올리게 해준다.

"아버지는 뭐 잘해?"

"열심히 일하시죠."

"그렇지? 아버지 누구 때문에 출근해? 너 때문에 나가는 거야. 너 공부시키려고 나가는 거니까 너도 열심히 해. 아버지 요즘 유튜브 찍고 올리는데 너 보니?"

"가끔 봐요."

"좋아요 눌러야지."

"눌러요."

"그거 왜 찍는 줄 알아?"

"왜요?"

"아버지는 나이 많잖아. 아버지가 일찍 돌아가시더라
도 유튜브는 항상 볼 수 있으니까, 너한테 못 다한 얘기를
나중에 보고 들을 수 있어. 그래서 하는 거야."

그런 말을 할 때면 막내아들 눈에 눈물이 그렁그렁 맺
힌다.

無極

무극이라 함은 두루 돌아서 처음으로 되돌아오는

기운의 근본을 말한다.

만일 잠깐이라도 이 기운이 그치거나 쉬는 일이

있으면 하늘의 섭리가 흐트러지고 만다.

사람이 믿음을 가지는 것도 역시 한없는 기운의

근본과 같아서 털끝만치라도 쉬거나 그쳐버리면

사람의 도리가 끝나게 된다.

Part. 4

내 일의 가치를 높이는
14가지 질문

일을 하는 이유가
돈이 1순위인가?

• • • •

조용히 열심을 다하라.
성공은 소음이 되게 하라.

— 프랭크 오션 —

    일을 하면 돈도 벌지만 나의 가치를 높일 수 있다. 그 가치가 높아지면 나의 몸값도 높아진다. 가치는 경쟁력을 만들어내고 나를 차별화시키기 때문이다. 이 점을 이해하면 세상의 변화에 잘 대응할 수 있다.

    자기 가치를 만들어가는 사람은 스스로 질문을 잘 던진다는 특징이 있다. 수시로 자문자답을 하다 보면 '내가 정말로 가치를 지니고 있나? 나의 가치는 무엇인가? 나는 일하는 감각이 있나? 나만의 온리 원(only one)이 있나?' 이런 부분들이 체크된다.

4장에서는 내 일의 가치를 높이는 데 있어 체크리스트가 될 만한 질문들을 뽑아서 함께 생각해보고자 한다. 스스로에게 질문을 던져보고 답을 하기 위해 고심해보기 바란다.

가장 먼저 '내가 하는 일의 가치'에 대해 논하기 전에 한번 물어보고 싶다. "당신이 일을 하는 이유 중에 돈은 1순위인가? 아니면 2순위인가?"

일을 하면 돈을 받는다. 세상을 살아가는 데 있어 돈은 중요한 것이다. 일을 하는 목적도 대부분 처음엔 돈을 버는 것이었을 것이다. 그런데 일을 하는 이유는 돈일 수도 있고 아닐 수도 있다. 물론 돈은 일을 한 결과로 나오는 성적표 같은 것이긴 하다. 그런데 공부를 열심히 했다고 해서 모두 시험을 잘 볼 수는 없듯이, 일을 열심히 했다고 해서 모두 돈을 많이 받는 것은 아니다. 그 차이는 어디에 있을까?

"돈, 돈, 돈" 하면서 일을 하면 당장은 돈을 많이 벌 수 있을지도 모른다. 그런데 일의 목적을 돈에 우선적으로 두고 달려가는 사람과 돈은 2순위로 두고 가치를 추구하며 달려가는 사람을 비교해보면 장기적으로는 좀 다르다.

일의 무기

오히려 더 큰 부자가 되는 사람은 가치 추구를 한 사람 쪽이다. 그래서 나는 일에서 돈을 우선적인 척도로 삼지는 말라고 주장하고 싶다. 그보다는 '나는 이 일을 왜 하는가?'에 답하며 일에 대한 가치를 찾아야 한다. 그 가치를 우선순위로 살다 보면 결국에 돈은 자동적으로 따라오는 경우를 훨씬 더 많이 봤다. 돈을 1순위로 쫓아가는 사람은 장기적으로 보면 생각보다 결과물이 크게 안 나온다.

게다가 일을 돈벌이로만 여기면 힘들고 피곤함이 크게 다가온다. 그러다가 일이 끝나면 갑자기 쌩쌩해지기도 한다. 그러나 일에서 가치를 찾으면 이런 패턴에서 벗어날 수 있다. 돈보다는 내가 추구하는 가치를 쫓으면 열정이 나온다. 힘들고 어려워서 다들 포기하는 일에도 열정적으로 노력하게 된다. 그게 큰 성과를 내는 기폭제로 작용한다. 다만 빨리 돈을 버는 사람이 있고 늦게 돈을 버는 사람이 있을 뿐이다. 인생은 장기전이다. 멀리 보면 일의 가치는 2순위로 밀려서는 안 된다.

내가 하는 일이
사회에 어떤 영향을 미치는가?

• • • •

당신이 되고 싶었던 사람이 되기에
결코 늦지 않았다.

— 조지 엘리엇 —

"내가 하는 일이 어떤 가치를 창출하는지 알고 있는가? 내가 하는 일이 다른 회사나 우리 사회에 어떤 영향을 미치고 있는가?"

이렇게 물으면 '먹고살기 바쁜데 무슨 사회에 영향을 미치냐?'라는 생각이 드는 사람도 있을 것이다. 물론 틀린 말은 아니다. 그러나 여기서 말하는 사회적 영향은 거창한 것을 말하는 것이 아니다. 누구든 그 사람이 하는 일은 작게나마 타인에게 어떤 영향을 미치는데, 그것을 생각해 봤고 알고 있는 사람은 확실히 삶이 다른 법이다.

일의 무기

어느 날 안경원에 온 멀끔하게 생긴 젊은 친구에게 "무슨 일 하세요?"라고 물었다. 그랬더니 그는 환경미화원을 한다고 대답했다. "참 좋은 일 하네요. 그냥 하는 말이 아니고요. 새벽 5시쯤 목욕탕에 갈 때가 많은데 그때마다 환경미화원을 보면 너무 고마워요. 요새는 대우가 좋아서 아무나 안 뽑는다고 들었어요." 나는 그렇게 응답했다.

어질러진 거리를 치우고 복구하는 사람들 덕분에 우리는 편리한 생활을 할 수 있다. 소중한 일을 하고 있으니까 절대 기죽지 말고 일하라고 했더니, 그는 자신도 그런 마인드로 살고 있다고 했다. 전에 창업을 했다가 무너진 경험이 있는데 스트레스 받던 때보다 훨씬 더 마음이 편하다고 했다.

또 어느 손님은 페인트칠을 하는 미장공이라고 했다. 옷에 뭔가 묻은 채로 왔길래 직업을 물었더니, "저 칠해요"라고 했다. "우와, 진짜 잘 배웠네요. 이제 손님 같은 사람들이 줄어들어서 앞으로 더 잘될 겁니다. 손님 같은 사람들 없으면 어떻게 건물을 지어요."

그리고 나서 2년 뒤쯤 그 손님이 아내와 아이를 데리고 안경을 맞추러 왔길래, 근황을 물었다. 자기 업체를 직접 차렸다고 하면서, 그는 명품 수입안경테를 골라서 안경을 맞추고 갔다.

사회에 영향을 미치는 가치는 신문에 실릴 만큼 거대할 필요는 없다. 사소한 일이어도 타인에게 편리함을 주는지, 도움이 되는 일을 하고 있는지 스스로에게 물어보면 된다. 사회적 역량을 큰 데서 찾을 필요는 없다. '도배'라고 하면 옛날에는 엄마, 아빠, 온 가족이 붙어서 했던 일이지만, 지금은 그렇게 할 수 있는 사람이 몇이나 될까? 우리에게 편리함을 제공하는 도배사는 꼭 필요하다. 또 외식업에 종사하는 사람이 없으면 엄마는 집안일에 치어서 숨쉴 틈이 없을 것이다.

미장공 손님이 처음 일을 시작했을 때와 자기 업체를 차렸을 때, '일의 가치'는 한 발짝 나아갔을 것이다. 자신이 하기에 따라 일의 가치는 좀 더 파워풀해질 수 있다. 그래서 자문자답을 수시로 해야 한다. "나는 이 일을 통해 어떤 가치를 만들어내고 있는가?"

기술 발전이
내 일의 결과를 높이는가?

. . . .

미래는 오늘 당신이 하는 일에 달려 있다.

— 마하트마 간디 —

    인공지능이 진화를 거듭하면서 '어떤 직업이 사라질 것인가, 어떤 직업이 살아남을 것인가' 하는 물음이 많아졌다. AI 자동화 때문에 어떤 사람은 일자리를 잃을 것이라 전망하지만, 오히려 그 기술 덕분에 더 돋보이는 사람도 존재할 것이다. 그렇다면 내 일의 가치를 가늠해보기 위해 이렇게 질문해볼 수 있다. "세상의 기술이 발전한 만큼 내 일의 아웃풋이 상승했는가?"

    앞으로도 기술은 더 엄청나게 발전할 것이고, 데이터화는 가속화할 것이다. 패턴이 있는 것이라면 뭐든 인공지능이 학습할 수 있다. 다만 비용의 문제가 있을 뿐이다. 그러나 감성, 감각, 감정의 영역으로 들어가면 이야기가 다르다. 안경업계로 예를 들면 손님의 얼굴형에 맞는 안경테를 골라주는 일은 기계로 대체하기에 쉽지 않다. AI가 학습한 데이터를 참고할 수는 있겠지만 감성을 건드리는 디테일한 부분까지 대신하기엔 무리가 있다. 결국은 디지털 기술과 아날로그 감성을 잘 혼합할 수 있는 사람이 경쟁력을 가지게 될 것이다.

2010년대까지만 해도 AI에 대한 공포가 팽배했지만, 이제는 인간 중심으로 AI를 활용하는 실용적인 방향으로 흘러가는 것 같다. '인간 VS 인공지능'에서 '인간 with 인공지능'으로의 인식 전환이다.

'일'이란 사람이 사람을 대하는 것이다. 그래서 가지각색의 경우의 수가 존재한다. 감정은 수학 공식처럼 바뀌는 것이 아니다. 한 사람의 감정만 살펴봐도 아침에 출근하려고 집에서 나올 때는 기분이 업됐다가 오후에는 에너지가 떨어지면서 다운될 수 있다. 마음은 하루에 5만 번 변한다는 이야기도 있다. 천문학적인 변수가 있는 것이다.

챗GPT는 지식이나 정보를 찾을 때 시간과 에너지를

굉장히 많이 절약해준다. 그러나 글쓰기를 시키면, 내용 상으로는 들어가야 할 것이 충분히 들어가 있는데도 불구하고 무미건조해서 감동을 주지는 못한다. 이성적 글쓰기는 될지 몰라도 감성적 글쓰기가 안 된다. 만약 딸한테 사랑의 편지를 쓰는 것이 주제라고 해보자. 분량은 채울 수 있지만 마음을 움직이는 글이 아웃풋으로 나오는 건 힘들다. 추가적인 조건을 달면 조금 더 부드러워질 수 있지만 온기는 느껴지지 않는다.

그런데 축구 경기의 승패나 점수를 전달한다거나 아침 신문의 주요 뉴스를 요약해주는 글이라면 AI 기자가 충분히 활약할 수 있다. 또 신뢰도를 높여야 하는 경우에는 여러 종류의 AI 중에서 책으로만 학습한 걸 이용한다든지 하는 식으로, 활용하는 인간의 선택에 따라 일의 아웃풋은 달라질 수 있다.

자신이 일하고 있는 업의 본질을 꿰뚫고 있는 사람이라면, 기술의 발달을 오히려 환영하고 있을지 모른다. 시간과 에너지를 훨씬 절약하면서도 자신의 가치는 높이고 일의 결과를 잘 낼 수 있겠다고 생각할 것이다. 일의 본질에 대해, 내 업의 본질에 대해 생각해본 적이 없는 사람이라면 기계가 언제든 그 사람을 대체할 수 있지 않을까?

효용가치뿐 아니라
의미가치가 있는가?

• • • •

우리는 눈앞의 가까운 거리밖에 보지 못한다.
그러나 거기서도 해야 할 일을 잔뜩 찾을 수 있다.

— 앨런 튜링 —

람보르기니는 비행기 엔진을 자동차에 장착한 것이라 굉장히 시끄럽다. 차체도 낮기 때문에 오르막길을 오를 수가 없다. 그래서 차체 높이를 올리는 버튼을 누른 후에 언덕길을 올라야 한다. 사실은 효용가치가 심하게 떨어지는 물건이다. 그렇지만 람보르기니의 날렵한 디자인이나 차문이 위로 열리는 모습을 보면 사람들은 "우와" 탄성을 내뱉는다. 또 엔진 소리는 남자들의 심장을 쿵쾅거리게 한다. 마치 사랑에 빠졌을 때처럼.

시대적인 관점에서 일의 가치를 지니고 있는 사람인지

일의 무기

체크해보려면 이렇게 질문해볼 수 있겠다. "당신이 하는 일은 효용가치만을 제공하는가? 의미가치도 지니고 있는가?"

지금까지의 경쟁은 효용가치를 따지는 것이었다. 얼마나 더 편리한지, 얼마나 좋은 품질로 더 싸게 줄 수 있는지 경쟁하는 것이었다. 그러나 이제는 너무나 똑똑해진 고객들을 상대하려면 기술뿐 아니라 감성을 건드릴 수 있어야 한다. 효용가치뿐 아니라 의미가치를 가지고 있어야 경쟁력을 가진 것이다. 효용가치의 평준화가 이루어지면서 그걸로 돈을 버는 시대는 끝이 왔다. 공급자만 가지고 있던 정보를 고객들도 다 알게 됨으로써 가격 경쟁이나 품질 경쟁은 한계가 왔다. 이제부터 의미가치를 추구하는 사람들이 오래 살아남는 시대가 될 것이다.

소비자들은 자신에게 의미 있는 부분은 돈을 더 쓰더라도 대접을 받고 싶어 한다. 의미 있는 곳에 가서 특별한 걸 하고 싶어 한다. 가격으로 치자면 점점 고가와 저가만 살아남는 시대가 되어가고 있다. 저가 경쟁은 아주 치열하지만 사라지는 건 아닐 것이다. 자신에게 별 의미 없는 것은 싼 걸 찾기 때문이다. 그래서 식사는 2천 원짜리

컵라면을 먹고 디저트는 1만 원짜리를 찾는 모습도 볼 수 있는 것이다. 감성소비, 가치소비는 소득과 관련이 있기도 하지만, 소득과 상관없기도 하다. 고소득자여도 관심 없는 부분에서는 싼 걸 찾을 수 있고, 고소득자가 아니어도 관심 있는 분야에서는 좋은 걸 원할 수 있다.

많은 업계에서 변화가 포착되고 있는데, 우리 안경원의 오래된 단골 부부가 했던 이야기가 생각이 난다. 그들은 사은품을 만들어서 기업에 공급하는 기획사 일을 하는데 스트레스를 엄청 받는다며 안경을 맞추러 와서 하소연했다. "아이들도 뒷바라지해야 하는데 영업이 안 돼요. 젊었을 때부터 저희가 안 해본 게 없거든요. 업체에 찾아가서 기다렸다가 청소도 해주고 그랬죠. 근데 이제는 단가 후려치고 전부 베껴버리고. 샘플 들고 찾아가면 문전박대 당하기 일쑤예요. '거기 놔두고 가세요' 하면서 얼굴도 안 쳐다봐요."

그들에게 내 생각을 짧게 이야기해주었다. "물건 싸게 주고 신제품 보여주면서 팔아 달라고 하는 거 그만하시고, 감성을 건드리는 영업을 한번 생각해보세요. 사장님 거래처가 몇천 곳이어도 소용없어요. 인사 다니려면 힘도 들고 이제 젊은 나이도 아닌데 어떻게 다 다녀요." 업종마다 감성을 건드리는 영업은 다 다르니까 그게 뭔지는 스스로 찾아보라고 당부했다.

　며칠 후 안경을 찾으러 왔을 때 부부는 감성 영업에 대해 엄청나게 고민을 해봤다면서 방법을 연구하고 있다며 내게 고맙다는 인사를 전했다.

기술을 뛰어넘는
감각을 갖추고 있는가?

• • • •

행복하려면 일을 할 수 있어야 할 뿐 아니라
자신이 한 일을 제대로 판단할 수 있어야 한다.

— 존 러스킨 —

'셰프의 함정'이라는 말이 있다. 요리 잘한다는 유명 셰프가 자기 식당을 내면 막상 성공하지 못하고 망하는 경우가 많다는 것이다. '나는 기술이 뛰어나니까 성공한다. 요리만 맛있으면 사람들은 올 것이다'라고 생각한 나머지, 사람들의 심리를 고려하지 않았기 때문이다.

요리하던 셰프가 창업 현장에 나왔다면 경영을 알아야 한다. 홀에서 벌어지는 일을 모르면 사람들은 재방문하지 않을 것이다. 회사든 편의점이든 식당이든 마찬가지다. 감성을 건드리지 못하면 아무리 맛있어도 그 식당에 다시

올 생각은 잘 안 한다. 반면에 음식 맛은 좀 덜하더라도 감성 터치가 있는 곳에는 사람들이 몰린다. '또 가고 싶다'는 마음이 생기게 하는 것이다. 사람이 몰리는 곳에서는 요리 맛도 중요하지만 그 요리사의 접객을 소비한다.

일을 하기 위해서는 어떤 기술을 익혀야 하지만, 기술만 갖고 있는 사람은 현대 사회에서 돈을 많이 못 번다. 나의 가치를 높이고 큰 꿈을 꾸는 사람이라면 무조건 감각을 지니고 있어야 한다. 게다가 경쟁이 치열해지고 산업 구조가 고도화된 사회에서 기술만으로는 따라잡히기 일쑤다. 감각적인 능력이 없으면 생존에 위협이 될 수 있다. 감각은 여러 가지 변수에 대응하는 능력이기 때문에 미래에 살아남기 위해서라도 꼭 필요한 것이다. 그렇다면 스스로 자문해보자. "나는 기술을 뛰어넘을 수 있는 감각을 갖추고 있는가?"

기술은 상대적으로 배우기가 쉽다. 시간을 투자한 만큼 노력의 결과를 얻을 수 있다. 그러나 감각의 영역으로 넘어가면, 시간에 비례해서 결과값을 얻는다고 말할 수 없다. 기술을 모르는 사람에게 기술을 가르치면 따라올 수 있지만, 감각이 없는 사람에게 감각을 가르치는 것은 힘들다. 그때그때 다른 상황에 대처하는 것이기 때문이다. 기술력은 매뉴얼화할 수 있지만, 감각은 응용의 영역이라서 변수가 많고 일반화할 수 없다.

기술만 익히는 사람은 타인의 심리에 대해서는 둔한 모습을 보이는 경우가 있다. 감각이 없으면 마치 로봇처럼 매뉴얼대로만 대응을 한다. 보통 때는 그래도 되지만 변수가 있다면 그때그때 다른 대처를 해야 하는데, 그걸 잘 못한다. 감각이 뛰어난 사람은 상황을 빨리 알아차리며 타인의 심리를 잘 파악한다는 특징이 있어서, 융통성 있게 대처한다. 거래처 사람을 대할 때, 회사 내에서 관련 부서나 동료들에게도 감각이 있는 사람은 확실히 대응법이 다르다.

타고나길 좋은 감각을 가진 사람도 있지만, 이런 감각은 개발되기도 한다. 다만 기술은 독학할 수 있는 반면, 감각을 익히는 건 이끌어줄 '사람'이 필요하다. 부부도 오래 살면 닮는다고 하는데, 일에 있어 고수인 사장 옆에서 3년 정도 지내면 닮아가면서 배우게 된다. 자기도 모르게 말투까지 바뀌기도 한다.

기성 세대는 감각적 영역을 배워야만 생존할 수 있는 시대를 살아보지 않았다. 사실 안 해봐서 잘 모른다고 하

일의 무기

는 게 맞을 것이다. 그러나 지금은 기술만 있어도 먹고살 수 있는 시대가 아니다. 소비자들은 웬만해선 기술이 좋다고 해서 감복하지 않는다. 어떤 특별한 감성을 건드려야 사람들이 몰리는데, 그걸 찾은 사람은 미래에도 먹고사는 데 지장이 없을 것이다. 그게 되려면 일정 기간은 반드시 청춘을 갈아넣는 훈련의 시간을 쌓아야 한다. 차별화는 그렇게 만들어지는 것이다.

고인건비, 노령화에 따른 고민이 많은 사람이라면 더욱더 생각해봐야 한다. 의미가치를 만들어내기 위해서 나는 감성 훈련이 되어 있는가? 이성과 감성을 고루 갖추었는가?"

좋고 싫음의
다양성을 이해하고 있는가?

• • • •

서로의 차이점을 인정하는 것이
인간관계의 시작이다.

— 알랭 드 보통 —

'모난 돌이 정 맞는다'는 속담이 있다. 옛날에는 회사에서 같은 부서 사람들끼리 점심 회식을 가면 "먹고 싶은 거 시켜"라고 부장님이 말해도, 부하직원들은 "짜장면" 또는 "짬뽕"을 시켰다. 새로 입사한 신입사원이 "잡채밥이요"라고 외치기라도 하는 날에는 쎄한 분위기를 감당해야 했다. 그러나 지금은 다양성의 시대다. 메뉴를 통일하는 것만이 미덕일 수는 없다. 비용 상한선을 넘기지 않는다는 원칙을 지킨다면 다른 메뉴를 시켜도 타박받지 않을 것이다.

좋고 싫음은 옳고 그름과는 다르다. 일의 가치를 높일 수 있는 사람이라면 이런 질문에 자신 있게 답할 수 있을 것이다. "좋고 싫음의 취향을 따져야 할 상황에서 옳고 그름의 보편성을 따지고 있지는 않은가?"

좋고 싫은 취향의 문제에 대해 옳고 그름으로 접근해 따지기 시작하면 논쟁이 된다. 옳고 그름은 과학적인 이론을 만드는 영역에 가깝다. 학교에서 공부를 할 때는 맞다 틀렸다 따지면서 정답을 찾는다. 그런데 학교를 졸업하고 세상으로 나오면 아무도 정답을 알려주지 않는다. 아니, 정답이 없는 상황 속에서 해답을 찾아가야 한다. 정답은 옳은 답을 찾는 것이지만, 해답은 질문이나 의문점에 대해 풀이하고 해결해 가는 것이다. 그래서 세상 공부는 다르다.

학교에서 성적이 좋았던 사람이 사회에 나와서도 잘하리란 보장은 없다. 세상 속에서는 좋고 싫음의 다양성 문제에 부딪히는데, 이건 기술의 영역이 아니고 어찌 보면 예술의 영역이라고 할 수 있다. 여기서는 존중과 배려가 중요하다. '나는 이런데 너는 이렇구나'라고 가지각색의 사람을 이해하고 알아가는 노력을 해야 한다. 아무리 서울대 나오고 하버드대를 나왔어도 이걸 모르면 세상이 어렵다. 그래서 일을 배운다는 것은 사람을 배워가는 과정이라고도 할 수 있다.

지식, 업무기술 외에
나는 무엇을 가졌는가?

• • • •

목표를 설정하는 것은 보이지 않는 것을
보이게 만드는 첫 걸음이다.

— 토니 로빈스 —

 나의 가치를 높이기 위해서는 일과 관련한 지식과 업무기술 외에 어떤 것들이 필요할까? 안경원처럼 대인 업무를 하는 곳에서는 성격이 중요하지 않냐고 묻는 사람도 있다. 그런데 조용한 성격이어도 고객 응대를 잘할 수도 있고, 명랑한 성격이지만 상대가 원하는 걸 캐치하지 못하는 사람도 있다. 성격은 감성이나 감각과 비슷한 것 같지만 겹치는 말은 아니다. 그보다는 대인 감수성이나 인간에 대한 근본적인 신뢰 같은 것이 더 필요하다.

 일이 발전적으로 진행되기 위해서는 두 가지가 있어야

한다. 첫째는 상상력, 둘째는 추진력이다. 이 두 가지는 톱니바퀴처럼 같이 맞물려서 돌아가야 동력을 만들어낼 수 있다.

상상은 곧 생각이다. 생각을 많이 하면 뭔가 새로운 걸 만들어낼 수 있다. 상상을 잘 하는 사람은 기술을 업그레이드시킬 수 있고, 뭔가 새로운 아이디어가 수시로 나오기 때문에 비즈니스가 발전한다. 그런데 기술에만 얽매어 있는 사람은 발전시키는 시도를 잘 하지 못한다.

상상은 거창한 것을 말하는 것이 아니다. '그 다음은 어떻게 될까?' '다음에 내가 뭘 하면 좀 더 나아질까?' 이런 생각이 상상이다. 상상력과 추진력은 톱니바퀴이기 때문에 상상만 해서는 안 된다. 행동으로 옮겨 움직여보면 일을 발전시킬 수 있다. 작은 상상일수록 행동으로 옮기기는 쉬우니까 작은 상상은 그래서 중요하다. 크고 거창하게 생각할 것 없이, 한 걸음 한 걸음 다음 스텝(next step)을 생각해보고 나아가면 된다. 상상은 황당한 것이 아니라 내 현실에서 일어날 수 있는 작은 것이다.

바로 한 걸음 앞을 생각해보고 예상해보는 것이 상상이다. 그러면 일은 업그레이드를 계속하면서 진화할 수 있다. 일은 연속성으로 풀어야 매끄럽게 연결된다. 1단계의 끝 부분과 2단계의 시작 부분이 겹치도록 연결하는 것이 일 잘하는 사람들의 특징이다. 많은 사람들이 1단계가 끝나면 그제서야 2단계를 준비한다. 전부 끊어서 일하는 것인데, 그렇게 되면 일은 단절된다. 지금의 단계가 한창 진행될 때 다음 스텝을 상상할 수 있어야 새로운 연결선이 생기고 미래를 대비할 수 있다.

일이란 결국 새로운 아이디어를 계속 찾는 것이다. 그 것은 곧 새로운 일로 이어지고 지속 가능성을 유지할 수 있는 요령이 된다. 그런데 상상력과 추진력을 모두 갖춘 사람은 그리 많지 않을 수도 있다. 그럴 때는 먼저 나는 어떤 사람인지 알아야 한다. "당신은 상상력이 좋은 드리머(dreamer)인가? 아니면 추진력을 갖춘 메이커(maker)인가?" 자신이 드리머라면 추진력을 갖춘 사람을 파트너로 찾으면 된다. 또 자신이 메이커라면 상상력을 갖춘 파트너를 만나서 협력하면 된다.

내가 할 수 있는지
메타인지가 되는가?

· · · ·

내면의 지혜를 듣는 일은
근력처럼 훈련을 통해 강화된다.

— 로비 개스 —

　메타인지는 한 차원 높은 시각에서 자신을 관찰하고
인지하는 능력이다. 자신에 관한 어떤 상황을 곧이곧대로
받아들이지 않고 이게 맞는지 아닌지 스스로 검증하는 자
기 성찰 능력이다. 일에 있어서는 이런 질문을 해볼 수 있
다. "내가 그만큼 할 수 있는지 스스로 아는가? 그만큼 할
수 없다는 것을 내가 아는가?"

　메타인지가 되는 사람은 '일단 시도해보기'를 잘 한다.
해본 다음에야 내가 물러날지 나설지를 판단하는 것이다.

사람은 '나 자신을 안다'고 생각하기 쉽지만, 실제로는 쉬운 일이 아니다. 사람 마음은 항상 변하기 때문에 내가 잘한다고 느낄 때도 있고 못한다고 느낄 때도 있다. 내가 미울 때도 있고 사랑스러울 때도 있다.

자신이 하는 '일'을 객관화시키고 장점과 결점을 찾고 자신을 분석하는 것이 하루아침에 가능한 것은 아니다. 그렇지만 평소에 훈련을 한다면 가능해진다. 내가 권하는 방법은 첫째, 자신에게 수시로 묻는 습관을 들이는 것이다. 어렵지만 그것은 우리가 인생을 사는 데 있어 숙제로서 끝없이 해야 할 일이다. '너 왜 사니?' '왜 이 일을 못하니?' '지금 너 뭐 하고 있어?' '너는 왜 지금 백수지?' 같은 질문들을 끝없이 자신에게 묻고 답하는 것이다.

둘째, 메타인지를 위해 내가 권하는 방법은 가상의 나를 상상해보는 것이다. 일명 '가상의 손오공' 화법이다. 손오공이 털을 뽑아 분신을 만들듯이 또 다른 나를 만든다. 나를 가만히 앉혀놓고 또 다른 나는 허공에 떠서 나를 지켜본다고 상상하는 것이다. 내가 어떻게 행동하는지, 요즘 생각이 어떻게 흘러가는지 지켜보는 연습을 한다.

그러나 도저히 못하겠으면, 가장 친하고 나를 잘 아는

사람한테 물어볼 수 있다. 다만 그 사람이 잘 가르쳐주면 좋은데, 남의 약점을 허심탄회하게 얘기하는 사람은 의외로 드물다. 대부분의 사람들은 상대와의 관계를 생각해서 적당한 선에서 얘기하고 만다.

우리는 하루에도 최대 3만5천 회의 결정을 내린다고 한다. '지금 바로 일어날까? 더 잘까?'부터 시작해 '뭘 먹을까?' '뭘 입을까?' 사소한 것부터 중대한 선택까지 끊임없이 자신에게 묻고 답한다. 나에 대한 질문이 없고 내가 나를 모르면 3만 회 넘는 결정 중에 오판이 많을 것이다. 평상시에 질문을 많이 하는 사람들은 우울증도 잘 안 걸린다. 나의 중심이 있기 때문이다. 중심이 없는 사람은 한번의 잘못된 선택에 훅 무너져내릴 수 있다.

셋째, 메타인지를 위해 내가 추천하는 방법은 일기를 쓰는 것이다. 매일이 아니어도 된다. 일주일에 한 번이라도 좋으니까 꾸준히 해보면 이게 축적되면서 자기도 모르게 생각이 글로 표현된다. 이런 훈련 없이 그저 놀고만 있는 사람이 "나 자신을 모르겠어요" 하면 답이 없다. 나라는 사람이 어떤지 모르면 당연히 갈 길을 모른다.

정말 타고나길 공부머리가 있다든지 예체능 분야에서

뛰어난 재능이 있다든지 하는 극소수를 제외하고는 나에게 맞는 일을 금세 찾는 경우는 드물다. 얼마 전 은행에서 부지점장으로 일하는 고객이 안경을 맞추러 왔다. "아들이 고3인데 좋아하는 것도 없고. 밖에 나가지도 않고 뭘 할지 모르겠대요"라며 괴로워하길래, 나는 괜찮다고 진정시키며 물었다. "젊은 사람이 좋아하는 일도 없고 잘하는 일도 없다는 게 이상한 건 아닙니다. 아버님은 학교 다닐 때 있었어요?"

아직 어린데 자기가 잘하는 게 뭔지 모르는 건 정상이다. 안 해봤는데 어떻게 알겠는가. 할 줄 아는 게 없는 걸 비정상으로 만드니까 아이들의 멘탈이 나가는 것이다. 자신이 늘 부족한 것 같고 불안해하니까 스토리를 쌓는 게 아니라 스펙만 쌓고 있는 것이다.

대부분의 부모도 어릴 때는 좋아하고 잘하는 게 뭔지 스스로 알지 못했을 것이다. 그건 자연스러운 삶의 모습이다. 그럴 때는 방에서 게임만 하지 말고 밖으로 사람을 만나러 다녀야 한다. 모든 일은 사람과 사람이 한다. 친구든, 친구 아버지든, 아버지의 동료이든 일단 사람 만나는 걸 겁내지 않으면 된다. '일'을 찾으려고 하면 마치 보물

찾기를 하는 것처럼 안 찾아진다. 그러나 사람이 모이는 곳에서 인사하는 법도 몸에 익히고 자꾸 사람 만나는 연습을 하면 거기서 어떤 인맥이 만들어질지는 아무도 모른다. 인연을 만나면 내 일도 찾아질 확률이 높다.

법적으로, 도덕적으로 문제 있는 것만 아니라면 뭐가 됐든 일단 해보는 건 좋은 일이다. 큰 걸 바랄 게 아니라 작은 일을 일단 해보게 해야 한다. 어리고 젊다면 잃을 게 없다. 고등학생일 때 맥도날도 크루에 도전해서 아르바이트를 하는 아이도 있다.

밖에 나가 사람들과 부딪히는 것이라면 노는 것도 나쁘지 않다. 친구랑 놀다가 친구 아버지 가게에서 아르바이트 기회를 얻을 수도 있다. 어릴 때 '일단 해보기'에 도전하면 하다못해 '이건 내 일이 아니구나'라는 걸 발견할 수도 있다. 아닌 걸 하나 버림으로써 자신의 일에 한 발 더 가까워지는 것이다.

일의 무기

써먹을 지식으로
골라서 공부하고 있는가?

. . . .

일이 없는 곳에는 시간을 허비하지 말라.

— 마이어 프리드먼 —

나는 대학의 안경광학과에 입학했을 때 의욕이 대번에 꺾이는 장면을 목격했다. 의대, 법대를 가야 할 최고 실력은 아니었어도 당시 안경광학과는 어느 정도 성적이 높아야 갈 수 있는 곳이었다. 그런데 공부 못하던 시장 아들이 수업 시간에 앉아 있는 걸 보고 나는 심한 충격을 받고 말았다. 맨날 사고나 치고 수업을 빼먹던 친구가 같은 과에 입학했다는 걸 알고 정신적으로 너무 힘들었다. '세상은 이런 거구나' 하는 생각에 공부할 마음이 싹 사라졌고, 거기다가 학교는 45도 경사진 곳이었다. 다리가 불편한 내가 학교를 다니려면 의지를 불태워야 되는데, 도저히 올라갈 마음이 들지 않았다. 그래서 나는 1년을 꼬박 아무 것도 안 하고 그야말로 놀았다. 2학년이 되고 학교에 가니까 "너 우리 반 맞냐?"라는 말이 들릴 정도였다.

나는 면허증 따고 나서 학교 공부를 늦게서야 시작했다. 일을 하기 시작하니까 궁금하기도 하고 잘 해보고 싶어서 학교 다닐 때는 안 보던 책을 다시 편 것이다. 남들과는 반대로 공부한 것이다. 나와 맞는 일, 내가 좋아하고 재밌어 하는 일을 만나면 학원이든 유튜브든 지식을 쌓게 해주는 곳은 넘쳐나는 시대다. 공부는 내가 필요한 순간에 해도 된다.

방향성이 없는데 자격증만 10개 있는 건 의미가 없다. 요리를 하고 싶은 사람이 MBA를 했다면 과잉 스펙이라 취직도 힘들 것이다. 그래서 묻고 싶다. "당신은 써먹을 지식으로 골라서 공부하고 있는가? 공부로 인해 쓸모없는 재고가 쌓이지는 않는가?"

일을 잘 하고 일의 가치를 찾으려면 '일단 해보는 것'에 능숙해야 한다. 머리에 지식을 쌓는 것이 꼭 먼저일 필요는 없다. 나와 맞는 일인지 찾을 때는 일단 해보는 것이 효과적이다. 스펙만 쌓아봤자 눈만 높아질 뿐이다. "내가 저 후배보다 훨씬 스펙이 좋은데 최소한 쟤보다는 좋은 데 가야지"라고 생각하기 시작하면 행동에 제약이 생기고 없느니만 못한 상황이 된다.

스펙만 쌓고 있는 젊은 친구들의 문제는 어쩌면 부모들의 문제일 수 있다. 부모님이 좋아하고 안심하니까 일단은 괜찮은 것이라 생각하는 것이다. 4년제 대학교를 너무 많이 지어놓은 사회적 폐단이라고 나는 개인적으로 생각한다. 마인드를 갖추고 있지 않은 아이들이 눈만 높아지니까 웬만한 직장은 처음부터 가고 싶지 않은 것이다. '내 수준에 이만큼 노력했고 자격증이 이만큼 있는데'라고 생각하면 웬만한 곳은 내 아래로 보인다. 산업 성장기가 아닌 지금의 대한민국에는 대학교 구조조정도 필요한 게 아닌가 싶다.

공부를 많이 하고도 할 줄 아는 게 없다면 일의 현장에서 그건 정상이 아니다. 어른으로서 봤을 때 참 안타까운 현실이다. 충분히 할 수 있는 일에 도전조차 할 마음이 안 생긴다면, 남에게 보이는 것만 신경쓰면서 자존심을 세운다면, 좋은 회사를 눈앞에 두고도 자기 눈에 차지 않을 것이다.

누구에게나 필요하고 누구나 꼭 해야 하는 공부는 인
문학 공부밖에 없다. 내가 누구이며, 왜 살아야 하는지,
어떻게 살아야 하는지 공부하는 것이다. 이걸 깨우치고
나서 스펙을 쌓으면 천하를 움직일 수 있다. 스티브 잡스
나 젠슨 황처럼 될 수 있다.

미시적으로 일해도
거시적으로 볼 수 있는가?

· · · ·

사람들이 대개 기회를 놓치는 이유는 기회가 작업복
차림의 일꾼같아 일로 보이기 때문이다.

— 토마스 에디슨 —

처음 일을 배우는 초보일 때는 작은 일, 기초적인 일을 하게 된다. 할 줄 아는 것도 많지 않기 때문에 처음부터 거창한 일을 맡지 않는다. 연차가 적은 초보는 자기가 맡은 일 그 자체에 집중해서 일하는 것이 좋다. 미시적으로 근시적으로 일을 해도 괜찮다. 일단은 그 일을 잘 해내야 하기 때문이다. 그러나 연차가 점점 올라갈수록 내 일만 잘하는 근시안에서 벗어나 시야를 넓혀야 한다. 그걸 못하면 전과 똑같이 일했는데도 일을 못한다는 소리를 듣는다.

그렇다면 이런 질문에 답해보자. "내가 맡은 일이 미시적인 것이라도 전체적으로 조망할 수 있는 시각이 있는가? 작은 일을 해도 거시적으로 볼 수 있는가?"

일을 하나하나 미시적으로 바라보면 사실은 연차가 높은 사람이 일을 더 못할 수도 있다. 부하직원은 자기 일만 하면 되니까 훨씬 일을 잘한다. 다만 상사는 전체를 보고 요령을 안다. 초보일 때는 몸으로 일을 하지만, 연차가 올라가면 머리로 일을 한다. 초보 티를 벗고 내 일에 익숙해지기 시작하면 시선을 넓게 멀리 보는 연습을 해야 한다. 내 것만 보면서 일한다면 승진을 해도 사원처럼 일할 것이다.

시야를 넓게 쓸 수 있으려면 사실 초보 때부터 사수를 잘 만나야 한다. 일을 잘 가르치는 상사는 부하직원에게 일을 시킬 때 조금 더 광범위하게 일을 시킨다. 그 밑에서 일하려면 그때는 힘들지만 나중에는 결과값이 달라진다. 자기 것밖에 못 보는 상사에게 일을 배분받는다면 하는 일은 쉬울 수 있다. 그러나 거시적으로 보고 크게 배우는 훈련을 받기는 힘들다.

시야를 넓히는 훈련을 한 사람은 인생을 살아가면서

시간이 갈수록 훨씬 편해진다. 현재의 조직에서는 나의 가치가 평가절하되는 일도 있겠지만, 이직해서 다른 조직으로 넘어갈 때는 나의 가치가 급상승할 수 있다. 작금의 젊은 친구들은 지금 이 현장에서 자신이 평가절하되는 것을 못 참고 못 견디는 경향이 있다. 일정 기간 동안은 감수하고 참아내야 하는데 한치 앞만 보는 것이다.

사실 일의 기술적인 부분은 1년이면 다 배울 수 있다. 그런데 사람들의 감성, 인간관계, 세상 돌아가는 이치와 원리, 일의 본질을 깨닫고 내재화하는 데까지 3년은 족히 걸린다. 어느 업종이든 세상 돌아가는 이치는 같아서 일하면서 3년을 제대로 견딘 사람이라면 프로라고 말할 수 있다. 산업화 시대에는 10년은 일해야 인정받았지만 요즘은 다르다.

4년제 대학 나오고 자격증을 이것저것 따서 회사에 들어가면 일이 쉬워 보인다. '나도 저거 할 수 있는데'라고 생각하지만 깊이는 다르다. 천문학적인 경우의 수가 많다는 걸 깨닫고 3년 동안 그중 일부라도 체험하면 내력^(內力)이 쌓인다. 그걸 참지 못하고 '나를 알아봐주지 않아', '여긴 배울 게 없어'라고 박차고 나가는 사람을 보면 안타깝다. 기술만 배우면 끝이라고 생각하면 많은 걸 놓치게 된다.

1년 일하고 기술만 습득한 사람을 누가 스카우트한다고 하면 그건 좋은 의도가 아닐 수도 있다. 그 사람만의 가치를 보고 뽑는 것이 아니라 고만고만한 사람 중 누군가를 찾고 있는 것이다. 온리 원이 아니라 다수 중 하나(one of them)인 것이다. 급하니까 아무나 쓰려고 하는 상황을 착각하면 곤란해질 수 있다.

프로의 세계는 정해져 있는 가치가 없다. 3년을 정진해 진짜 프로가 됐다면 연공서열과 상관없는 몸값을 받아도 된다고 생각한다. 마치 축구선수가 프로 리그에서는 연차에 상관없이 각자의 관객 동원 능력치에 따라 몸값이 정해지는 것과 같다.

일의 무기

나와 맞는 일을
하고 있는가?

• • • •

좋아하는 일을 직업으로 삼으면
평생 일하지 않는 것과 같다.

— 공자 —

패션에 관심이 있는 사람은 옆에서 누가 "너는 이게 잘 어울리니까 이거 입어"라고 말해도 따르지 않는다고 한다. '그래 네 의견은 그렇구나' 하면서 자기 마음대로 한다는 것이다. 좋아하는 일을 한다는 건 행동이 주체적으로 되는 것이 아닐까? 그런 사람은 자기가 하는 일의 가치를 높이는 게 어렵지 않을 것이다. 그렇다면 묻겠다. "나랑 맞는 일, 내가 좋아하는 일을 하고 있는가?"

내가 좋아하는 일이고 나한테 맞는 일인지 알아보는

법은 의외로 간단하다. 그 일에 몰입하는지를 보면 된다. 좋아하는 일을 할 때는 시간이 진짜 빨리 간다. 사람 만나는 걸 좋아하는 안경사라면 주말이 어떻게 지나가는지 모른다. 아침에 출근해서 손님 응대를 하다 보면 금세 3시간, 4시간이 지나 점심 먹으러 가야 하고, 또 밀려드는 손님에게 원하는 걸 들어주다 보면 금방 집에 가야 할 시간이 돼 있다. 그런데 내가 하기 싫은 일이라면 시간 가는 것이 지겹다. 수시로 시계를 쳐다보면서 지루해할 것이다.

원래 일을 잘하려면 놀이처럼 해야 한다. 물론 말은 쉽지만 해보면 어렵다. 그래도 내 일에 가치를 부여하면 그렇게 될 수 있다. '어떻게 하면 일을 잘할 수 있을까?'보다는 '어떻게 하면 내 일에 가치를 부여할까?'를 고민하면 더 쉽게 접근할 수 있을 것이다. 가치란 내가 일을 함으로써 누군가 이득을 보는 것을 말한다. 일을 일로만 생각하면 시간이 더디지만, 내 일이 가치를 만들어낸다고 생각하면 상황이 달리 보인다.

내가 어린 시절에는 오락실에서 오락만 하고 있으면 '나쁜 어린이'였고 혼나기 일쑤였다. 그런데 지금은 가치

일의무기

가 부여되면서 e스포츠라는 영역이 생기고 프로게이머라는 직업으로 '일'을 할 수 있다. 페이커는 연봉 100억 원이 넘는 것으로 알려져 있으며, 글로벌하게 엄청난 팬덤을 몰고 다닌다.

나의 스토리,
나의 콘텐츠가 있는가?

• • • •

자신을 지배하는 사람이 우주를 지배한다.

— 로버트 크라우츠 —

　인건비 상승에 대한 이슈가 생겨나면서 스타트업 쪽에서는 주방 자동화에 대한 연구가 많이 진행된다고 한다. 주문 관련 앱이나 서빙 로봇은 이미 보편화되고 있고, 고속도로 휴게소 같은 곳은 조리 과정에서 자동화가 도입되고 있다. 그렇다면 그 속에서 차별화는 어떻게 할 수 있을까? 같은 로봇으로 똑같이 치킨을 튀기면 이 집이나 저 집이나 맛은 별반 다르지 않을 것이다. 여기에 뭔가를 더 입혀야 살아남을 수 있는 시대가 점점 오고 있는 것이다.

지금껏 "기술만으로는 안 된다. 감각이 있어야 한다"고 했던 것도 이런 이유에서다. 자동화 기술에 뭔가를 덧붙이려면 감각이 있어야 한다. 2024년 넷플릭스에 공개된 요리 서바이벌 프로그램으로 '흑백 요리사'가 있다. 시즌 1의 출연진 중에 만찢남이라는 요리사가 있었는데, 만화책을 옆에 두고 거기에 나온 요리를 만드는 듯한 컨셉을 보여주었다. 만약 정말 그런 만화방이 있으면 요리 먹으러 가서 만화책 볼 것 같다는 생각도 들었다. 컨셉이 좋으면 요리 솜씨가 덜 해도 장사는 오히려 잘 될 수 있다. 요리와 만화가 매치가 잘 되면 사람들은 그의 스토리를 먹으면서 만족할 것이다. 11년차 중견 요리사가 초보인 것처럼 컨셉을 짰다는 뒷말이 나오긴 했지만, 여기서 얘기하고 싶은 건 '나만의 스토리'가 중요하다는 것이다.

같은 프로그램에서 준우승을 한 에드워드 리 셰프는 "나의 한국 이름은 균입니다. 이것은 이균이 요리한 것입니다"라고 한국인으로서의 정체성을 이야기하면서 삐뚤삐뚤한 손글씨 종이를 보여주었다. 대중의 마음을 사로잡은 셰프의 킥(kick)은 그의 '스토리'였던 것이다.

'나는 어떻게 살아왔는가'는 나만의 세계를 만드는 데 핵심이다. 그걸 콘텐츠로 만들어 대중들한테 알리는 사람이 일의 가치를 인정받는 시대가 왔다. 이제 스펙의 시대는 가고 스토리의 시대가 온 것이다. 그렇다면 내 일의 가치를 높이기 위해 스스로 질문을 던져보자. "나만의 스토리, 나만의 콘텐츠가 있는가?"

잘못 사도 크게 상관없는 저가 구매가 아니면, 가까우니까 가는 동네 장사는 없어질 위기다. 사람들은 무조건 탐색부터 하고 후기를 보고 온다. SNS에서 존재감이 없으면 매장도 없는 셈이 된다. 자기 콘텐츠를 만들어내지 못하는 사람들은 이제 사라질 수 있다. 모든 업종에서 서서히 확실하게 벌어지는 현상이다. 기술이 평준화되면서 포장을 잘하는 사람, 자기 PR을 잘하는 사람이 살아남는 시대가 되었다. 특히 온라인에 익숙한 젊은이들은 포장에 더 잘 속는다. 게다가 그 포장 자체를 소비하기도 해서 이제는 무시할 수가 없다.

뻔한 스토리는 사람의 감정을 건드릴 수 없다. 나만의 스토리를 만들어가는 것이 미래의 경쟁력이다. 그렇지만 주의할 점은 기본기가 갖춰진 상태에서 특별함을 보태야 한다는 것이다. '흑백 요리사' 출연진 중에서 에드워드 리가 가장 감동적인 요리사로 기억되는 것은, 두부 요리 미션에서 보여준 창의성과 탄탄한 기본기 때문일 것이다. 고수들이나 실력 있는 사람들이 보는 관점은 똑같다. '흑백 요리사'의 두 심사위원도 서로 성향이 달라 이견이 있을 때는 '기본기'를 가지고 의견 통일을 하는 모습을 볼 수 있었다. 일단 먼저 신경써야 할 것은 채소의 익힘 정도, 칼질 두께 같은 기본기가 99%다.

옛날에는 축구든 탁구든 테니스든 돈을 주고 배우지 않았다. 선진국이 된 대한민국에서 이제는 이런 것들을 제대로 배우기 위해 돈을 지불한다. 레슨을 받는 이유는 기본기가 잡힌 제대로 된 폼을 배우기 위해서다. 그래야 다치지 않고 오래 잘할 수 있다.

인문학 공부를
하고 있는가?

• • • •

패션은 하늘과 길거리에도 있으며,
우리의 생각과 삶,
지금 일어나고 있는 모든 일과 관련 있다.

— 코코 샤넬 —

　온라인에 익숙한 젊은 세대는 사람을 대하는 게 쉽지
않다. 안경원의 젊은 안경사만 그런 것이 아니다. 의사들
도 지금은 스피치를 배우러 다닌다는 이야기를 들은 적이
있다. 어느 아나운서가 운영하는 CEO 스피치 클래스에
는 의사들이 상당수를 채우고 있다고 한다. 웅변 같은 대
중 스피치를 하겠다는 것이 아니라 고객들과 대화를 잘하
는 것이 목적이다. 같은 업종에 종사하는 사람들끼리 쓰
는 언어에만 익숙한 사람들은 타 업종에 종사하는 사람을
이해시키기가 어렵다. 대중적인 언어로 설명을 못하니까

소통이 안 된다. 길게 말한다고 되는 게 아니라 핵심을 일반인 언어로 표현할 수 있어야 하는데 의외로 이걸 잘 못한다.

일에서 기본을 챙기면서도 깊이를 더하려면 이런 질문이 필요하다. "당신은 인문학 공부를 하고 있는가?"

사실 인문학적 소양이 있어야 말도 잘한다. 인문학이란 쉽게 말하면 세상살이에 대한 학문이다. 상대가 원하는 정보를 콕 짚어서 그 사람의 레벨에 맞게 알아듣게 말할 수 있으려면, 사람에 대한 이해가 필요하다. 그것이 바로 감각이다. 의사가 스피치 교육을 받으면 말하기가 조금 나아질 수는 있을 것이다. 그러나 궁극적으로 필요한 건 같은 업종에 있는 잘하는 사람한테 가서 배워야 한다. 그래야 핵심을 습득할 수 있다. 아나운서에게 배우면 기술은 배울 수 있겠지만, 수많은 경우의 수에 대처하기 힘들다. 환자들의 상황은 천차만별이고 의사에게 필요한 건 순간적으로 판단하는 감각일 것이다.

'이게 유머다', '이게 칭찬이다'라고 알려줘도 곧이곧대로 적용하면 곤란하다. 누가 들으면 기분 좋지만 누가 들으면 기분 나쁜 말이 있다. 농담해도 되는 손님이 있는 반면, 같은 농담이 어떤 손님에게는 부적절할 수 있다. 고객의 성별, 나이, 얼굴 표정, 동행한 사람, 다른 직원의 동선 등 시시각각 변하는 수많은 변수를 고려해야 하는 것이다. 업종별 상황은 스피치 선생님이 알려줄 수 있는 것이 아니다. 배우면 일단 따라하지만 그 다음 단계는 안 된다. 같은 분야에 있는 사람과 동행하면서 피드백을 받아야 진짜 교육훈련이 된다.

그리고 스스로 연구하는 시간도 필요하다. 인간의 본성을 이해할 수 있는 책도 읽고 사람을 편견 없이 관찰할 줄도 알아야 한다. 모든 사람에게 해당하는 인간의 본능과 본성을 깨우쳤으면, 사람에 따라 상대성이 있다는 것까지 깨우쳐야 한다. 인간에 대해 한 번도 생각해보지 않은 사람은 감각이 늘 수가 없다. 인간의 감성을 건드리는 감각은 결국 인간의 마음을 아는 데서 나온다. 삶을 통해서 경험으로 배우기도 하는데, 지금은 인간과 멀어지고 기계와 더 가까운 시대라는 게 문제다. 그럴수록 감각이란 더 어렵게 느껴질 수 있다. 그래서 더욱 이걸 알고 훈련하는 사람은 특별함을 가지게 된다.

병원이든 편의점이든 특히 사람을 대하는 직업일수록 이게 필요하다. 말 한 마디, 눈빛 한 번에 그곳에 다시 가고 싶어진다. 물건이 아무리 싸도, 장소가 아무리 럭셔리한 곳이어도, 한 번 가보고 정이 뚝 떨어지면 다시는 안 가는 것이 사람의 심리다. 이걸 깨우치지 못하면 특히 장사는 100% 말아먹는다. 유명 셰프의 이름을 걸고 장사를 하는데, 그 사람이 주방에만 있고 손님에게 얼굴 한 번 안 비치면 그 집에 다시 가고 싶은 마음은 급격히 줄어든다. 더군다나 이름만 내걸었을 뿐 비슷한 음식에 가격만 비싸다면 일회성 방문으로 끝나고 말 것이다. 사람들은 음식만 보는 것이 아니다.

Part. **5**

어떤 사람이 되어,
누구와 일할 것인가

배울 사람이 있으면
인생이 달라진다

· · · ·

시대를 움직이는 것은 원칙이 아니라 인물이다.

— 오스카 와일드 —

얼마 전 대학교 안경광학과에서 특강 요청이 와서 3, 4 학년 학생들을 만나고 왔다. 이때 내 강의의 핵심은 who 가 제일 중요하다는 것이었고 요지는 이랬다.

"사실 학교에서는 공부 못해도 된다. 그냥 자격증만 따라. 대신에 세상에 나오면 그때부터 본격적인 공부를 해야 한다. 그 공부의 시작이 who를 찾는 것이다. 너희들은 운 좋게도 what은 정해져 있잖냐. 그것만 해도 복이다. 언제^(when) 어디서^(where)는 아직 젊기 때문에 별로 고민 안 해도 된다. 그 다음 why와 how는 책에서 또 찾으면 된다. 그리고 일하다 보면 또 찾아진다. 중요한 건 who다.

지금부터 안경이라면 누가 가장 영향력이 있고 고수인지, 누가 배울 점이 있는지 그걸 찾아라. 제대로 된 스승을 찾아라."

사실 세상에 고수는 많다. 머리 아프게 고민 많이 하지 말고 who만 잘 찾아서 그 사람한테 배우면 젊은 안경사는 엄청나게 빨리 고지로 갈 수 있다. 이건 비단 안경사만의 이야기는 아니다. 모든 사회 초년생들에게 해당한다. 뭘 배울지, 누구한테 배울지 고민하는 것이 아니라 엉뚱한 것만 쫓는 사람이 많다. 복지가 좋은지, 월급은 많이 주는지 초년생이 그런 것부터 따지는 건 바람직하지 않다.

물론 그렇게 사는 것도 방법이겠지만, 나중으로 갈수록 한계가 생긴다. 월급이 언제까지고 올라갈 수는 없다. 그걸 초월하는 몸값을 가지려면 내 인생을 바꿔줄 스승을 만나야 한다. 만약 한 사람에게 모든 걸 배울 수 있는 환경이 아니라면 이 사람에게는 이것을, 저 사람에게는 저것을 흡수해 나만의 장점을 만들면 된다. 내가 어떤 환경 속에서 누구에게 일을 제대로 배우느냐는 아주 중요하다. 첫 직장의 첫 상사, 그리고 3년 안에 만나는 사람들은 그만큼 영향력을 크게 미치는 인물들이다. '일'이 뭔지를 알고 있는 리더 밑에서 배울 수 있다면 그건 큰 행운이다.

일을 배울 수 있는 사람을 찾을 때는 두 가지 타입이 있다. 하나는 옛날에 성공했던 사람이다. 또 하나는 지금 잘 나가는 현재 진행형이다. 그런데 이미 끝난 '왕년에'는 필요가 없다. 성공해봤던 사람이 아니라 지금 성공 가도를 달리고 있는 사람을 찾아야 한다. 과거의 교훈을 지금 시대에 적용할 때는 안 맞을 수도 있다. 이것만 잘 찾아도 50점은 따고 가는 것이다. 물론 그런 사람을 찾는다고 해서 다 성공하는 건 아니다. 자신의 노력이 더해져야 한다. 하지만 사람을 잘 만나면 성공 확률이 50% 높아진다. 그만큼 중요한 부분이다.

5장에서는 어떤 사람이 일 잘한다는 말을 듣는지, 어떤 사람이 일을 못한다는 평가를 받는지 여러 가지 경우의 수를 살펴봄으로써 학교와 세상은 다르다는 것, 시험을 보는 것과 일하는 것은 다르게 접근해야 한다는 점을 함께 생각해보려 한다.

시험은 잘 보는데
일은 못하는 사람

• • • •

작은 일에 거창한 말을 사용하는 습관은 피해라.

— 사무엘 존슨 —

토익 점수가 무척 높고 영어를 잘한다는데 일은 못하는 사람이 있다. 코딩을 배울 때는 잘한다 소리를 듣던 사람인데 의뢰인이 원하는 맞춤 프로그램을 잘 짜주지 못해서 일이 자꾸 엎어지는 경우가 있다. 이런 사람은 자신의 기술은 볼 줄 알지만, 일하는 상대방의 욕구는 볼 줄 모르는 사람이다. 세상을 보고 사람을 이해하는 감각이 없으면 성과를 제대로 낼 수가 없다.

AI 시대에 인간만이 만들어낼 수 있는 가치는 어디서 배울 수 있을까? 그걸 AI가 가르쳐줄 수 없다. 일 잘하는 사람을 길잡이 삼아 그가 가진 어떤 것을 흡수해야 할지 잘 '보고' 배워야 한다. 업계의 최고 고수를 찾아가는 것이 가장 좋은 방법이지만, 여의치 않다면 주변 사람들의 필살기를 하나씩 흡수해 내 것으로 만들면 된다. 그리고 특정 분야에서 일 잘하는 사람들과 인맥을 형성해놓는 것만으로도 좋은 무기를 가지는 것이 된다. 협업해야 할 때 제때 활용할 수 있으면 더할 나위 없을 것이다.

영어를 잘한다거나 코딩을 잘한다는 건 테크닉, 즉 나의 기술이 좋다는 것이다. 그런데 내가 일을 할 때는 상대방이 있다. 고객이든 거래처든 다른 부서 동료이든 나 외의 사람이 있다. 어떤 업종, 어떤 업무든 내가 일을 하면 그에 따른 편리함이나 이로움을 취하는 사람이 있다. 내가 제공하는 이로움에 대한 평가는 다름 아닌 상대방이 하는 것이다. 그렇다면 상대방은 어떻게 생각할지 고민하면서 일을 해야 하는데, 상대방의 심리를 모른 채 자기 기술에 대한 자부심만 표현하고 있으면 결과는 어떻게 될까?

잘 되는 사람은 상대방을 파악할 줄 안다. '이 사람은 뭘 원하지?' '내가 어떻게 해주면 이 사람이 더 만족할까?' 상시적으로 고민한다. 이걸 모르면 내 것만 들이대면서 내 생각만 한다. '난 여지껏 잘했고 지금도 잘하는데 뭐가 문제야?' 하면서 이해를 못한다.

아무리 이제까지 영어를 유창하게 잘했어도 상대방이 원하는 걸 파악하지 못하면 일을 못하는 것이다. 일로 넘어가면 개념은 완전히 달라진다. 이것은 기술을 넘어선 감각의 영역이다. 상대방의 니즈를 파악하지 못하고 내 기술만 들이대는 사람은 시대에 동떨어진 사람이다. 시대의 변화를 읽지 못하고 시장의 선택을 받지 못한 사람이 되는 것이다.

일 못하는 사람은
질문이 없다

· · · ·

배움은 축복이다, 비록 고통이 선생님일지라도.

— 마이클 조던 —

"일하다가 모르면 질문해라." 신입이 들어오면 항상 나는 이렇게 말한다. 처음 안경사 면허증을 따고 세상에 나오면 일은 그때부터 배운다. 그런데 일 못하는 신입들을 살펴보면 자기 혼자 생각하고 판단한다는 특징이 있다. 교과서에서 배우면서 느껴왔던 생각으로 적용해버리는 것이다. 시행착오를 먼저 겪은 사람한테 물어보면 지름길을 알려주지만 질문하지 않는 이유는 물어보는 것 자체에 용기가 필요해서일 수도 있고, 자신이 똑똑하다고 판단해서일 수도 있다.

그런데 물어보지 않는 것에는 엄청난 리스크가 있다.

기본과 실제는 다르다. 실제 일하는 환경에서는 교과서대로 되지 않는다. 가지각색의 사람과 여러 가지 상황이 있기 때문에, 그 순간 그 사람의 니즈를 맞추려면 앞서 경험한 사람들의 감각을 배워야 한다. 그렇지 않고 지식과 기술만 보고 일을 받아들이면 앞으로 나아가는 경험을 할 수 없다. 지식과 경험치는 다른 영역이다. 내게 부족한 경험치를 끌어올리려면 질문을 하면 된다. '뭘 물어야 하지?'라고 생각할 수 있는데, 어렵게 생각하지 말고 내가 알던 지식에 좀 이상하다 싶은 점이 발견되면 사소한 것이라도 일단 물으면 된다.

최근 십여 년 동안 질문을 잘하는 젊은 직원을 보기가 매우 힘들었다. 답답해서 내 얘기를 해주기도 한다. "나도 처음엔 일을 못했다. 처음부터 일 잘하는 사람이 어디 있냐? 타고 나길 말 잘하고 타고 나길 기술을 갖춘 사람은 얼마나 되겠어? 하면서 배우는 거다. 좀 물어봐라. 그게 일 잘하는 방법이다." 그런데도 묻는 사람이 드문 것은 '좀 이상한 점'에 대한 민감도가 떨어지기 때문이라고 짐작된다. '이거 왜 그럴까?' '왜 이렇게 됐지?'라고 한번 고민해보는 걸 안 하는 것이다. Why에 대한 고민 없이 무작정 자격증 따기 위한 행동에만 노력해왔던 것이다.

Why에 대한 고민을 하는 것은 늦은 때가 없다. 바로 지금부터 시작하면 된다. Why에 대한 고민이 없으면 일하면서 문제에 부딪힐 때 헤쳐나갈 투지를 얻기 힘들다. 처음엔 운이 좋아 순탄하게 흘러갔다 해도 결국엔 변화와 변칙의 상황에 맞닥뜨리는 순간이 온다. 이럴 때 부딪힘 없이 올라간 사람은 훨씬 더 치명적으로 추락한다.

학교에서 우리는 노력하면 대가가 따라온다고 배운다. 공부할 때는 그것을 경험하기도 한다. 그런데 세상에 나오면 '노력은 배신하지 않는다'는 가르침에 의문이 생기는 순간이 온다. 노력을 많이 쏟으면 그것에 비례해 결과가 반드시 나올까? 실제에서 특히 큰 성과의 경우엔 꼭 그렇지만은 않다는 걸 알게 된다. 지식과 기술은 시간과 노력에 비례할 수 있지만, 감각을 훈련하는 것은 '나'에 대한 고민, 세상과 사람에 대한 고민이 없으면 효과가 나지 않기 때문이다.

유명한 과학자들은 세렌디피티(serendipity)의 순간을 경험했다는 이야기가 꽤 있다. 갑자기 어느 한순간에 깨달아 우연치 않게 진리를 발견하는 순간이다. 인생은 그것과 같다고 생각한다. 고민과 훈련의 인풋이 쌓이고 쌓이다가 어느 순간 확 흘러넘칠 때 '갑자기' 보상받는 것이다.

챗GPT 같은 생성형 AI를 써봤더니, 질문만 잘 할 수 있으면 스승으로 삼을 수 있는 도구는 쉽게 찾을 수 있는 시대란 생각이 든다. 예전에는 고수 한 사람을 찾아 고생하며 헤맸는데 지금은 독학이 쉬워졌다고 봐도 될 것 같다. 그저 항시적으로 질문의 훈련을 잘 하면 되는 것이다.

일 잘하는 사람이
처음에 말수가 없는 이유

· · · ·

지금이야말로 일할 때다. 지금이야말로 싸울 때다.
지금이야말로 나를 더 훌륭한 사람으로 만들 때다.

— 토마스 아 켐피스 —

'내가 알던 지식과 다른데?' 하는 의문을 품었다면 반드시 '왜 그럴까?'라고 세심하게 관찰해봐야 한다. 일을 진짜 잘하는 사람의 특징은 처음에는 말수가 없다는 것이다. 왜 그런지 스스로 분석을 해보기 때문에 말이 없어진다. 우리 안경원에서도 그렇다. 일 잘 하는 직원은 이 매장이 어떻게 돌아가고 있는지, 사장은 어떤 사람인지, 전체 분위기를 읽으면서 먼저 관찰을 한다.

만약 관찰만 하고 질문이 없다면 그건 스스로 분석해보는 훈련이 안 돼 있는 사람이다. 보고 있지만 의문이 안 생기고 아무 생각 없는 상태일 수도 있다. 질문을 할 때는 그 질문에서 그 사람의 수준이 드러난다. 질문하는 걸 겁내는 사람들은 사실 자기 수준이 드러날까 봐 위축되는 것이다. 경력직원이 입사한 경우에는 "10년차가 그걸 물어?"라는 식의 대답을 들을 수 있다. 그렇지만 그걸 견뎌내는 사람은 업그레이드될 수 있다. 자존심이 상하더라도 질문하는 사람은 성장한다.

경력에 비해 수준이 낮은 질문을 들었을 때는 나도 그렇게 말할 때가 있다. "그건 책에 있어. 그 정도는 물을 게 아니라 네가 공부해서 스스로 찾아봐." 질문에 대한 답변으로 강의를 하고 있을 수는 없기 때문에 그렇게 말하면, 대부분의 사람은 그 다음엔 질문을 안 한다. 그래서 성공하는 사람도 소수인 것이다.

자존심 상하더라도 계속 물어서 해답을 찾아내야 한다. 이때 운이 좋은 사람은 기회를 얻기도 한다. 오너^(또는 상사)가 현재 처한 상태에 따라 혜택을 얻을 수도 있기 때문이다. 평소에는 철저히 원칙대로 직원 교육을 시키다가, 일할 인원이 부족하고 당장 급할 때는 오너도 달라진다. 오너도 사람이기 때문에 그럴 때는 새로 들어온 직원이 빨리 깨달을 수 있도록 밀착해서 실력을 올려줄 수도 있다. 저 사람 연차에 못 미치는 너무 기본적인 질문을 했는데도, 오너가 여유 있는 상황이 아닐 때는 하나하나 일일이 가르쳐줄 수 있다. 그러면 그 사람은 살아남는다. 그건 그 사람 역량이 아니라 운이 좋은 것이다. 군대 가서 줄을 잘 서면 편안하게 생활하다가 오는 것처럼 운이 작용한 것이다.

진짜 성공하고 싶은 사람은 어떤 환경이라도 극복해야 한다. 내가 지금 할 수 있는 것부터 하면 된다. 부모를 돈 많은 자산가로 바꿀 수는 없지만, 저 상사 밑에 계속 있을지, 일을 더 맡을지 말지, 이 상황에 계속 남을지 말지는 내가 결정할 수 있다. 그러려면 나만의 인생 철학이 있어야 한다. 세상을 바꿀 거창한 철학을 말하는 것이 아니라 '나는 가장이니까 가족을 책임져야 돼' 같은 살아남기 위한 철학이면 된다.

헝그리 정신도 철학이다. 요즘엔 개똥철학도 없다는 것이 문제일 뿐이다. 일은 적게 하고 돈은 많이 받으면서 그저 편하게 즐기면서 살고 싶은 걸 철학이라고 할 수는 없다. 그건 물리적으로 성립될 수 없기 때문이다. 부잣집이 3대, 4대를 이어 부를 지속시키기 힘든 이유는 돈이 풍족하면 철학의 부재로 이어지기 쉬워서다. 천년 만년 풍족하게 살 것이라는 근거 없는 자신감이 지배해버리면 답이 없다.

AI 학습 속도를 지금의 반도체 공정이 따라가지 못한다는 이유로 삼성전자도 위기론이 나오는 시대다. 영원할 줄 알았던 재벌들도 예외는 없구나 싶다. 아무리 재벌이라 해도 그 다음 스텝을 미리 준비하지 않으면 지금 잘나가는 시스템의 유효기간이 끝나면서 '과거의 영광'으로 사라져갈 것이다. 세상은 변하기 때문이다.

기술자보다는
기술을 이해하는 사람

. . . .

돈을 버는 것은 예술이고, 일하는 것도 예술이며,
훌륭한 사업이야말로 가장 뛰어난 예술이다.

— 앤디 워홀 —

옛날에는 주판을 쓸 수 있는 사람이 중요한 기술자였
다. 그 후에는 타자기가 나왔고 계산기가 나왔다. 손글씨
로 쓰던 글은 타자기로 정형화된 글자가 되었고, 암산으
로 틀릴 수도 있었던 계산은 실수가 획기적으로 줄어들고
빨라졌다. 이 모든 것들이 세상을 바꾼 기술이다. 그런데
지금의 AI 기술은 이전의 것들과 차원이 다르다. 웬만한
기술들은 모두 대체될 수 있으며, 심지어 AI가 디자인, 글
쓰기, 코딩도 할 수 있다.

이미 경력직으로 잘나가는 사람은 모르겠지만, 일한

지 얼마 되지 않은 초보들은 이제 자기 일에서 경험치를 늘리고 단련할 기회를 빼앗길 것이라는 전망이다. 모든 분야가 이 범주 안에 있으며 의사, 판사 등 고소득 전문직도 예외는 없다. 사회적 합의가 남았을 뿐이다. 그렇다면 기술 습득은 어느 정도까지 노력해야 할까? AI 시대라고 해서 모든 사람이 AI 개발자일 필요는 없다. 모든 분야에서 AI가 실용화되면 이제는 기술을 어떻게 활용하면 퍼포먼스와 실적을 더 효과적으로 올릴 수 있을지 고민하고 방법을 찾아내면 되는 것이다. 기계에 압도되는 것이 아니라 기계를 써먹고, 기계에 지배되는 것이 아니라 기계를 다루는 감각을 익히면 된다.

이제는 사람의 마음을 건드려줄 수 있는 아주 디테일한 예술적 감각이 필요하다. 예술적 감각이라고 해서 그림 잘 그리고 작곡 잘하는 예술 분야를 말하는 것이 아니다. 모든 분야에서 예술적 감각이 좋은 사람이 있다. 바야흐로 감각의 시대이고 예술의 시대다. 더군다나 한국 문화가 힙하다고 여겨지는 시대이니, 미래 세대는 기성세대가 경험해보지 못한 선도적인 일을 경험할 가능성이 많아졌다. 산업화 세대의 시각으로 지금의 10대, 20대를 보면 지적 호기심이나 기술적 고민을 하는 열의 같은 게 부족해 보이지만, 미래에 무슨 일이 벌어질지는 솔직히 아무도 모른다.

나는 이미 성인이 된 아들들이 있지만 초등학생 늦둥이를 키우고 있기도 하다. 막내에게는 형들이 자랄 때와는 다른 교육 관점을 가져야 하지 않을까 생각해보았다. 너무 기성세대 식의 사고를 주입하게 될까 봐 조심스러운 것이다. 영어를 할 줄 알고 기본적인 수학만 익히고 책읽기를 좋아하는 정도라면 기존 학교의 틀을 깨는 것도 괜찮지 않을까 생각해보고 있다. 군이 우리 세대가 살아왔던 교육 그대로 답습할 필요는 없지 않을까 싶은 것이다.

새로운 교육의 예를 들면 미국의 샌프란시스코에 있는 미네르바 대학교는 기존의 대학 입시 시스템을 벗어난 곳이다. 입학 시험에서 표준화된 시험 점수나 추천서를 받지 않는다. 창의력, 추리력, 추론력 등을 평가하는 시험과 지원자가 인생에서 이룬 업적 6개를 평가하는 성취평가로 이루어져 있다. '나는 누구인가', '나는 어떻게 사고하는가', '내가 이룬 바는 무엇인가'라는 물음에 답할 수 있는 사람이 입학 허가를 받는 것이다.

이 대학교는 자체 캠퍼스가 없으며 수업도 기존의 방

식을 벗어나 있다. 샌프란시스코에서 1년을 보내고 나면 서울, 하이데라바드, 베를린, 부에노스 아이레스, 런던, 타이베이 등 6개 도시를 한 학기씩 돌아다니며 각국의 기업과 프로젝트를 진행한다. 또 저녁에는 온라인으로 소규모 토론식 수업을 한다.

일의 무기

전략적으로 유리한 위치를
찾아가는 사람

. . . .

모이는 것이 시작이요, 함께 일하는 것이 성공이다.

— 헨리 포드 —

일 잘하는 사람은 전략적이다. 그들을 관찰해보면 자신에게 유리한 자리, 이길 수 있는 자리를 찾아간다. 2016년 세계 3대 문학상인 맨부커상을 수상한 데보라 스미스라는 번역가가 그렇다. 그녀는 2024년 노벨문학상을 수상한 대한민국 작가 한강과 함께 그 상을 수상했다. 영어로 작품을 쓴 작가가 아닌데도 노벨문학상을 받았다는 건 뛰어난 번역가가 있었던 덕분이라고 봐야 한다. 그녀가 번역가가 된 과정을 살펴보면 상당히 흥미롭다.

그녀는 영문학을 전공한 영국 사람이다. "나는 번역가

가 돼야겠어"라고 결심한 후에 그녀는 아마도 전체 상황을 살폈던 것 같다. '어, 한국어 전문 번역가가 없네?'라는 생각을 했고, 그때부터 한국어를 배우기 시작했다고 한다. 6년을 공부해서 번역가가 됐다고 하는데, 그녀는 자신에게 희소성을 부여해준 전략가라고 할 수 있다.

전략가는 맥을 잘 짚는다. 사업에서 성공한 사람들도 맥을 잘 짚는다. 그런데 그것은 감이기 때문에 하루아침에 나오는 것이 아니며, 지식이나 기술과는 다른 능력이다. 기술이 최상이 아닌데도 성공한 사람은 감각적인 능력이 총동원됐기 때문에 가능했던 것이다.

성공하는 사람은 시대를 잘 파악하고 'Who' 요소를 잘 짚는다. 그 맥을 잘 짚으면 거인의 어깨에 올라타서 힘들이지 않고 빨리 도착할 수 있다. 그런 사람은 항상 주위를 잘 살피고 인맥에 대한 소문을 잘 듣는다. "요즘 누가 잘해? 거기는 어때?"라는 질문을 할 줄 안다.

아무리 능력이 있는 사람이라도 맥을 못 짚으면 일이 진행이 안 된다. 집구석에 처박혀서 아무것도 안 듣고 있으면 맥을 짚을 수 없다. 정보가 들어와야 하고 연결할 줄 알아야 한다. 그래서 나는 "젊었을 때는 무조건 사람을 많이 만나라"고 이야기한다. 지금 도움이 되든 안 되든 상관 없다. 인생은 어떻게 흘러갈지 모르는 것이다. "천운이야" 하는 순간이 언제 올지 모른다.

일 잘 하는 사람은
피드백을 챙긴다

• • • •

생각하지 않기 위해서 일하는 것도
역시 게으름이다.

— 에르하르트 블랑크 —

    자신을 객관화해서 분석한다는 건 어려운 일이다. 지
금은 충분한 능력이 없는 상태인데 근거 없는 자신감이
넘치는 경우도 있다. 그걸 자존감이 높은 것과 헷갈려하
면 안 되는데, 요즘에는 그런 상태에 빠진 사람이 눈에 많
이 띈다.

    감각이 없는데도 의욕만 앞서는 경우에 불행하게도 부
모님이 돈이 많으면 다 말아먹는 상황이 온다. 자신이 가
진 게 많고 여유가 있으면 남의 말을 잘 안 듣는다. "내 말
이 다 맞아"라는 프레임 안에 갇혀 주변 사람이 경고를 해

도 "나만은 괜찮아"라고 생각하다가 전 재산을 날리기도 한다. 자신이 뭘 할 수 있는지 메타인지가 안 되면 이렇게 무섭다.

또 엉뚱하게 이상한 남의 말을 듣는 경우도 있다. 먹을 게 많으면 파리가 꼬이는 법인데, 사기꾼 같은 사람의 말을 듣다가 대기업 회장도 감방에 가는 경우가 있다. 좀 다른 형태로 메타인지가 안 되는 경우도 있다. 자기 능력이 충분한데도 그걸 모르고 '남들도 다 나만큼 하는 거 아니야?'라고 생각하는 것이다.

'나는 누구인가?'를 수시로 생각해보는 건 좋은 일이다. 그러나 나에게 맞는 일을 찾을 때는 '내가 이런 사람이니까 이런 일을 해야 돼'라고 혼자서 결론 내리기보다는, 좋아하는 일이든 잘하는 일이든 일단 해보고 판단하는 것이 좋겠다. 이때 해보고 나서 '이건 아닌 것 같아'라고 느끼는 것도 소중한 경험이다. 인간은 '가지 않은 길'에 미련을 두는 경향이 있어서, 내 길이 아님을 확실하게 아는 것도 중요한 경험이다.

거울을 보고 내 모습을 보는 것만으로 객관화할 수 있는 사람은 거의 없다. 벽에 공을 던지면 나에게 되돌아온다. 자기 객관화를 하려면 그렇게 공을 던져서 반동을 받아봐야 알 수 있다. 축구공을 차기 전에 '내가 축구를 잘할 수 있을까? 축구가 나한테 맞을까' 고민할 필요는 없다. 맞고 안 맞고는 나보다 다른 사람들이 평가해주는 것이 정확할 때가 많다. 일단 부딪혀본 후에 나에 대한 피드백을 꼭 받아내면 된다.

"상사가 배울 점이
하나도 없어요"

. . . .

성공한 사업가와 성공하지 못한 사업가를
구분하는 것은 순수한 인내심이다.

— 스티브 잡스 —

'나는 왜 일하는가'에 대한 해답을 찾는 것은 중요하지만 쉽게 답하기는 어렵다. 어쩌면 평생의 숙제가 될지도 모른다. 그래서 '누구(Who)에게 무엇을 배울 것인가?'라고 질문해보면 좀 더 실용적이고 쉽게 접근할 수 있다.

일 잘하는 고수에게 일을 배울 수 있다는 건 행운이다. 그런데 만약 신입사원이 대기업에 들어갔는데 내 사수가 일을 잘하는 사람처럼 안 보일 때는 어떻게 해야 할까? 신입이 일 배울 사람을 고를 수 있는 것도 아닐 것이다. 더군다나 신입은 누가 고수인지 판단할 능력이 아직 미미할 것이다. 높은 확률로 잘못 판단할 위험이 있다.

그런데 아무리 별볼일 없어 보이는 사람일지라도 배울 것은 무조건 한 가지는 있다. 상사가 내 기대에 못 미치는 사람이라는 상황 역시 배움이 될 수 있다. 장점이 없어 보이는 사람일수록 관찰력을 높일 수 있는 계기가 되기도 한다. 우선 '어떻게 저 자리까지 갔을까'를 고민해봐야 한다. 내가 보기엔 저 사람이 능력이 없어 보일지라도 회사도 바보는 아니기 때문에 쓰임은 있을 것이다.

알고 봤더니 그 사람이 정치력으로 승진을 한 것 같다고 판단되더라도, '사람이 뒤섞여 사는 세상사가 재능이 전부는 아니구나' 하는 걸 배우면 되는 것이다. 관찰한 사람을 꼭 카피해서 흡수할 필요는 없다. 다만 그 사람의 생존법을 내가 써먹든 아니든 알고 있을 필요는 있다. 살다 보면 꼭 필요한 순간에 간접적으로 써먹을 수도 있고, 내가 사장일 때 그런 사람이 필요해질 상황이 있을 수도 있다. 그러면 그 무기가 나한테 맞든 안 맞든 옵션 하나를 저장하게 되는 것이다. 적어도 그런 사람을 보고 알아차릴 안목은 갖게 된다.

'이 인간은 이래서 안 되고, 저 인간은 저래서 안 되고'라고 생각하면 끝이 없다. 어느 조직에나 나만 괴롭히는 것 같은 사람들이 있다. 군대에서 그런 경험을 하는 사람도 적지 않다. 이때 우리가 배우는 것은 참고 인내하는 것이다. 살다 보면 좋은 날만 있는 것은 아니기 때문에 버티는 힘이 절실한 순간이 많이 있다.

나는 창업을 하기 전까지 3명의 사장님을 모셨다. 그분들 모두 장단점이 있었는데, 장점을 발견할 때는 내가 배우고 흡수하면 되니까 괜찮은데 단점을 볼 때가 괴로웠다. 이럴 때는 '내가 나중에 사장이 되고 어른이 되면 절대 저런 짓은 안 해야지' 하면서 넘어갔다. 그렇게 함으로써 나는 세 사람의 장단점을 모두 옵션으로 갖고 있는 새로운 사람으로 태어났다고 생각한다. 상사의 어떤 단점을 보고 '저놈 쓰레기야, 난 못해' 하고 나와버리면 시간만 흘려버리고 얻는 것이 없다. 그러면 시간이 너무 아깝지 않은가.

그래서 나는 직원들에게 오픈해서 이야기하고 있다. "나도 사람인데 완벽할 수 없다. 하지만 내가 바라는 기본 원칙은 무조건 따라줘라. 내가 완벽하게 너희 입맛을 다 맞출 순 없다. 나도 살아온 기준과 원칙이 있는데, 그게 너희와 안 맞고 이해가 안 가더라도, 내 밑에서 일하는 동안은 따라줘야 된다. 대신에 나에 대해 너희들이 속으로 욕하는 건 너희가 사장 됐을 때 안 하면 된다. 지금 욕하면서 나중에 똑같이 따라하면 너희 진짜 나쁜 놈이야."

"일단 해봐"라는 말을
못 받아들이는 사람

. . . .

때론 아무것도 아니라고 생각했던 사람이
아무도 생각할 수 없는 일을 해낸다.

― 앨런 튜링 ―

　머리가 좋으면 일을 잘할까? 학교에서와 달리 일을 할
때는 지식 습득, 기술 습득에 더해 추가적인 자질이 필요
하다. 그래서 머리가 좋은 것이 일을 배울 때는 방해 요소
가 돼버리는 경우가 있다. 결과적으로 성공한 사람들은
일을 배울 때 "일단 해봐"라는 말을 바로 행동에 옮겼다는
특징이 있다. 그런데 자꾸 머리로 이해하려는 사람들은
그걸 받아들이지 못하는 경우가 많다. 행동으로 옮기지
않으면 결국 배우는 것도 이뤄지는 것도 없다.

　일단 해보면서 배우는 게 잘 안 되는 사람은 사실 용기

가 부족한 것이다. 부자가 되고 싶든 성공을 하고 싶든 반드시 필요한 것이 용기다. 자신을 던질 줄 아는 용기가 있어야 뭔가에 도전하고 쟁취할 수 있다. 한번은 한의원에 침을 맞으러 갔는데 "사장님이 사업 잘하시는 이유를 알겠네요"라는 말을 들었다. "체질적으로 잘하실 수밖에 없어요. 간이 부었어요." 한의학적 해석으로 간이 큰 사람은 겁이 없다. 도전이 어렵지 않고 용기를 잘 낸다. 그러나 머릿속으로 재느라고 바쁜 사람은 일을 벌이고 키우기가 힘들다.

어릴 때 자라면서 부모가 등받이 역할을 해주면 용기를 내는 훈련을 할 수 있다. 예를 들어 초등학교 1학년 아이에게 "너 태권도 도장에서 집까지 걸어올 수 있어? 맨날 엄마가 태워줘서 너 할 수 없을 것 같은데." 이런 식으로 톡톡 건드려보는 자극을 주는 것도 괜찮다. "아니에요. 저 할 수 있어요"라는 반응을 이끌어내고 용기를 내볼 기회를 주는 것이다. 어려워도 일부러 시도하지 않으면 용기를 키워주기란 힘들다.

군대에 다녀오면서 남자들은 인위적으로 용기를 훈련받기도 한다. 힘들다는 해병대에 일부러 자원해서 가는 사람도 있다. 극한의 체험을 해보기 위해서다. 일을 할 때 후발주자의 전략 중에는 자신을 극한 상황으로 몰아넣고 배수의 진을 치는 방법도 있다. 가만히 앉아서 머리로만 생각하는 사람에게 세상은 내 편이 아니다.

워라밸 관점에서
일을 잘하는 사람

• • • •

열심히 일하는 것이
열심히 일하지 않는 재능보다 낫다.

— 팀 노트케 —

낮이 있으면 밤이 있고, 봄 여름이 가면 가을 겨울이 온
다. 일에 집중했으면 쉬는 시간도 있어야 한다. 음양의 조
화가 깨지면 건강이 깨진다. 너무 워커홀릭이 되면 건강
이 깨지지만, 너무 아무것도 안 하고 움직임 없이 사는 것
도 건강에 좋지 않다. 적절한 균형을 맞추는 게 가장 건강
하고 현명한 삶이다.

일을 하면 교감신경이 활성화된다. 저녁에 집에 돌아
가 쉴 때는 부교감신경이 활성화돼서 새로운 에너지를 만
들어내고 몸을 재생한다. 교감신경과 부교감신경이 밸런

스를 이루어야 건강하듯 일과 휴식은 밸런스가 중요하다.

그런데 문제는 나이에 따라 밸런스의 정도가 달라야 한다는 것이다. 언젠가 유튜브 방송에서 운 나쁜 사람의 특징은 잠이 많은 것이라고 말한 적이 있다. 나는 50대까지 살아본 사람으로서 젊을 때는 '워라밸'이라는 말에 속으면 안 된다는 이야기를 하고 싶었던 것이다. 그런데 댓글창이 "나는 잠이 많아도 괜찮던데"라며 악플로 채워지며 난리가 났다.

인생을 한 지점만 보고 말할 수는 없다. 벼농사를 지을 때도 봄, 여름에는 싹을 틔우고 김을 매느라 일을 많이 하고, 가을에는 거둬들이고 겨울에는 쉬엄쉬엄 다음을 준비한다. 인생에서 20대, 30대가 활동을 줄이고 잠만 자고 있으면 나중에 수확할 것이 없다. 잠을 적게 자라는 뜻은 에너지를 만들어내는 활동을 많이 하라다는 뜻이다. 일과 휴식은 동전의 양면이라 하나를 많이 하면 하나가 줄어든다. 두 마리 토끼를 잡을 수 있는 사안이 아니다. 나이가 들고 여유로운 삶이 있으려면 지금은 잠만 자고 있으면 안 된다. 이게 얼마나 중요하면 잠만 자다 보니 소가 됐다는 게으름뱅이 동화까지 있겠는가.

50은 인생에서 그동안 살아온 성적표를 받는 시기일지도 모른다. 이때 성적이 제대로 안 나오면 노후돼서 삐걱거리는 몸을 이끌고 험한 일 가리지 않고 밤낮 없이 일해야 할 수도 있다. 그때엔 워라밸을 당연히 입에 올릴 수도 없을 것이다.

　일과 휴식의 밸런스는 물론 중요하지만 젊었을 때는 워크 쪽에 중점을 둔 채 밸런스를 맞추고, 나이가 들어서는 라이프 쪽으로 서서히 옮기면서 밸런스를 맞춰야 자연스러운 것이다. 지금의 10대, 20대 아이들을 보면 워라밸을 제대로 이해하는 것이 맞나 싶어서 안타까운 마음이 든다.

　10년, 20년 후가 시대적으로 나아지기만 하리란 보장은 없다. 워라밸을 외치며 친구 사이에 조금이라도 일을 적게 하는 사람이 똑똑한 사람인 것처럼 생각하는 지금의 분위기가 10년, 20년이 지나면 어떻게 바뀔지는 알 수 없다. 일과 휴식은 균형을 이뤄야 하며, 과로사를 걱정할 정도로 쉴 줄 모르는 것은 분명 문제인 것이 맞다. 그러나 생애 주기 안에서 일에 몰두해야 할 시기가 있다는 것 역시 알아야 한다. 시대적 분위기에 휩쓸렸다가 시대적 해석이 바뀌고 나면 나의 생존이 비참해질 수도 있다는 걸 고려해야 한다.

젊었을 땐 사실 바빠야 한다. 일도 열심히, 노는 것도 열심히 해봐야 한다. 잃을 게 없을 때 여러 가지를 경험해봐야지, 나중에는 체력이 안 돼서 하고 싶어도 못한다. 대신에 약속된 규율을 어기는 것은 습관화되면 안 된다. 일 못하는 사람으로 전락하고 도태되는 건 순식간이다. 그럴 땐 나도 '라떼는'이 어쩔 수 없이 발동한다. "예전에 우리 때는 밤새도록 술 먹고도 아침에 나와서 일했는데, 너희들은 10시에 출근하고 주 5일 근무를 하면서 지각하는구나."

성실하지 않으면 어떤 물질도
존재할 수 없다

얼마 전에 대형 안경 체인점에서 근무한 경력이 있다는 3년차 안경사가 입사했다. 이력서에는 멋지게 포부가 적혀 있었다. "최신 기계와 최고의 시스템으로 이루어진 매장에서 최고의 안경사가 되어 고객에게 좋은 안경을 맞춰드리고 싶다." 그는 자신의 경력을 강조하면서 월급도 기존의 3년차 경력직 월급을 보장받기를 원했다.

원하는 대로 경력직 월급을 보장해주었고 직원은 곧바로 일을 시작했다. 그런데 지내보니 너무나 기대에 못 미치는 실력이었다. 고객 응대도 제대로 못하고 안경사로서의 기술도 형편없었다. 처음엔 도대체 3년 동안 뭘 배웠다는 것인지 화가 났다. 며칠 지나고 보니 이제는 그전에 근무했다는 곳의 사장님한테 더 화가 났다. 일의 기본부터 가르치기보다는 매뉴얼에 따라 직원을 로봇처럼 움직이게 만든 것 같다는 생각이 들었기 때문이다.

3주 뒤에 개인 면담을 하면서 두 가지 방안을 제시했다. 첫째는 실력이 너무 없으니 초보라고 생각하고 초보 월급을 받으면서 새롭게 배우라는 것이었다. 둘째는 그냥 지금까지 해왔듯이 다른 보통의 안경원에 가서 편하게 일하면서 살라는 것이었다. 직원은 이틀 뒤 초보 월급 받으며 새롭게 배워보겠다고 결심을 전했다. "열심히 한번 해봐라. 하지만 힘이 들 것이다. 내가 엄하게 해도 이해해주 겠다면 최선을 다해 가르쳐줄 것이다." 나는 그렇게 말했고, 고객 응대부터 자세, 화법, 목소리 톤, 조제까지 정말 정성스럽게 가르쳤다.

그런데 일주일 뒤 그는 너무 힘들어서 그만두겠다고 했다. 나도 미련 없이 보냈지만, 참 안타까운 마음이 들었다. 정상에 오르려면 고통과 인내가 반드시 필요하다. 일이 쉽고 편하다면 얻을 수 있는 열매도 적은 것이 당연하다. 쉽게 저절로 만들어지는 일이란 없다.

많은 사람들이 일을 즐기라고 말하지만, 나에게 일이란 곧 '나'를 말하는 것 같다. 즐기고 있는지 아닌지를 떠나서 일이 곧 내 삶 자체라고 말해도 틀리지 않을 것이다. 남들은 워커홀릭이 아니냐 말할지 모르겠지만, 그만큼 일은 나에게 소중하다. 내 삶을 되돌아보니 일이 없었으면 내 인생이 없었을 것 같다는 생각이 든다. 내가 세상으로부터 인정받고 나를 가치 있는 사람으로 존재할 수 있게 한 것이 바로 일이었다고 본다. 만약 지금 내게 일은 없고 돈만 있었다면 과연 내가 어떤 사람인지 알릴 수 있었을까? 아니었을 것이다.

일의 무기

물론 나도 젊었을 때는 그런 생각을 전혀 할 수 없었다. 먹고살려고 일은 하지만 힘들고 어려웠다. 고단하긴 했어도 그때나 지금이나 일이 있다는 것이 고맙고 또 고맙다. 그 마음 때문에 스스로에게 약속했던 것이 있는데, 내 업에서 은혜를 입은 만큼 갚겠다는 것이었다. 그런 약속이 없었다면 지금까지 일을 계속하지 않았을지도 모른다. 아마도 '이 정도 돈을 벌었으니까 이제 그만할 때도 됐지'라고 생각해서 골프나 치고 다니고 해외여행 즐기면서 살았을지도 모른다.

일자리를 지킨다는 건 진짜 힘든 일이다. 더군다나 은퇴해도 될 만큼 먹고사는 데 지장이 없는데 일자리를 지킨다는 건 더욱 힘들다. 대부분의 사람들은 돈을 좀 벌고 나면 은퇴를 생각한다. 이건 가치관의 차이일 뿐 그게 잘못됐다는 뜻은 아니다. 예전에는 아직 일자리를 지키고 있는 나를 이상하게 보는 사람들이 많았다. 직원한테 맡겨 놓고 놀러 다니면서 천천히 하면 되지, 왜 그렇게 자리를 지키냐는 것이다. 그러다가 점점 내게 "부럽다"고 하는 사람들이 늘었다. 50대 중반에 은퇴를 앞둔 사람들은 부러워하는 경우가 거의 대부분이다. 이제는 그만큼 시대가 달라졌다는 의미일 것이다.

　얼마 전 중학교 동창 친구들이 모임에 나오라고 자꾸 권해서 간 적이 있다. 그중 공부를 잘 했던 한 친구는 법대를 나와서 법률구조공단에서 근무하고 있고, 고등학교 진학을 하지 않고 바로 노동 현장에 뛰어들었던 친구는 목수 일을 하고 있었다. 목수 친구가 "나는 공부를 못해서 이렇게 노가다 뛰면서 고생하고 있다"고 하자, 법률구조공단 다니는 친구가 이렇게 말했다. "나는 네가 더 부럽다. 난 좀 있으면 은퇴인데 너는 일당도 많이 받고 계속 일할 수 있잖아."

　일을 바라보는 시대적 시선이 확실히 바뀌고 있는 것 같다. 60이 지나면 은퇴하고 일은 끝이라고 생각하던 시대는 이제 끝났다. 한동안 20대 공무원 지망생이 꽉 차던 노량진 고시촌에서 '공무원 해봐야 고생만 하고 돈도 적게 받는다'는 인식이 퍼지면서 공무원 거품이 빠지자, 새롭게 채워지고 있는 사람들이 있다고 한다. 바로 50대, 60대 은퇴한 사람들이다. 안경원에 오는 손님들 중에도 그런 분들이 있었다. 나이 드신 손님이 책을 들고 다녀서 물어보면 "공부하러 다닌다"고 말하던 분들이었다. 50대가 지나면 책 볼 때 눈이 불편해지기 시작하니까 장시간 책을 볼 수 있도록 안경을 맞추러 방문하는 사람이 부쩍 많아졌던 것이다. 그걸 보며 '제2의 일을 찾는 시대로 바뀌고 있구나' 하는 생각을 했다.

지금은 평균연령이 45세가 넘어가고 기대수명은 80세가 넘어가는 시대다. 살아가야 할 날이 길어지니까 어쩔 수 없이 먹고살 생계 유지도 길게 필요하다. 사실 대부분의 사람들은 노후 준비가 제대로 돼 있지 않을 것이다. 노후자금이 있더라도 매일 골프 치러 다니고 등산 다니면서 살기엔 한계가 있다. 곶감 빼먹듯이 생활비를 쓰다 보면 불안하기도 할 것이고, 무엇보다 사회적 인간으로서 존재하고 싶은 욕망이 솟아오른다. 한 마디로 명함이 필요한 것이다.

내가 지나온 세월을 기준으로 하면 50이 지나면 돈이라는 일의 성적표는 어느 정도 판가름이 나는 것 같다. 아무리 부잣집에서 태어나고 부모님 돈이 많더라도 50대가 되면 그 사람이 했던 일에 대한 결과가 보인다. 20대, 30대에는 부모님 돈으로 잘 나갔던 사람도 50대가 되면 자신만의 성적표를 받는 것이다. 희한하게도 별 노력이 없었던 사람은 부모님 재산이 거의 없어지는 걸 많이 봤다.

〈중용〉에 불성무물$^{(不誠無物)}$이라는 말이 있다. 세상의 그 어떤 존재도 성실함을 통해서만 존재가 가능하다는 말이다. 수십억 년 동안 빛을 내며 돌고 있는 태양을 생각해 보자. 그 덕분에 인간을 비롯한 모든 생명체가 존재하고 있는 것이다. 인간도 마찬가지다. 일의 가치를 알든 모르든, 내가 가진 게 있든 없든 일은 열심히 해야 한다. 특히 20대, 30대라면 일단 열심히 사는 것이 중요하다.

20대, 30대부터 일의 가치를 알면서 일을 하면 훨씬 더 생산적이고 주도적인 삶을 살 수 있다. 불안감보다는 뿌듯함, 불만보다는 기대감을 느끼며 살아갈 수가 있다. 이 책이 그런 삶의 작은 지표로 작용하길 기원해본다.

일의 무기

북큐레이션 • 판이 바뀌는 시대, 새로운 세상을 주도하는 이들을 위한 라온북의 책

《일의 무기》와 함께 읽으면 좋을 책. 손재환 저자의 역작 시리즈.
일과 삶이 조화롭게 양립하는 멘토의 지혜를 만나면 인생이 달라집니다.

**장사를 하려면
경영학 책은
버려라**

장사 교과서 ① 사장편

손재환 지음 | 18,000원

**고객의 마음을 사로잡는 장사의 비법,
내가 나를 고용하는 장사의 가치를 확실히 깨닫고 추구하자**

이미 규모 면에서 소박한 장사의 사이즈를 넘어선 사업을 운영하고 있지만, 본인의 정체성을 '장사'로 표현하기에 일말의 주저함이 없는 장사의 고수, 손재환 대표. 그 자신감과 그를 장사 고수의 경지에 이르게 한 원동력이 바로 이 책 《장사 교과서》① 사장편》 속에 고스란히 녹아들어 있다. 초심을 잃지 않고, 본래의 가치에 충실한 장사란 어떤 것이며, 어떻게 업(業)의 생명을 길게 이어나갈 것인지에 대한 모든 비밀을 이 책 속에서 찾아보자. 장사를 업으로 삼는 모든 이들의 곁에 둘 필독서로서 자신있게 권한다.

**당신의 매장에
마법을 불어넣을
비법!**

장사 교과서 ② 매장편

손재환 지음 | 18,000원

**장사에 필수인 매장관리 기법의 정수를 숨김없이 공개한다.
경쟁 업체 사장에게 숨기고 싶은 책, 《장사 교과서 ②매장편》**

바야흐로 장사의 전성시대이자 장사가 가장 고전하는 시대이다. 책과 방송, 유튜브를 비롯해 곳곳에서 장사에 관련된 콘텐츠들이 넘쳐나면서도, 반면 장사를 했다가 망하는 자영업자들이 이토록 넘쳐나는 시절이 있었던가 싶은, 대한민국 서민들의 깊게 팬 주름살 하나하나를 그대로 반영하는 삶의 풍속도가 우리 앞에 더없이 리얼하게 그려지고 있는 시대이다. 그리고 그 풍속도의 가장 정면에서 보이는 것이 바로 장사의 실제 현장, 매장이다. 따라서 이 책 《장사 교과서 ②매장편》은 그 매장을 가장 효율적이고 매력적이게, 그리고 매출 발생을 극대화할 수 있는 방식으로 집필되어 있다.

삶이 막막할 때
꺼내 읽는
아버지의
인생 편지

일류 아빠의 생각

손재환 지음 | 15,000원

**가난과 장애를 딛고 성공한 아버지가
사회 초년생 아들에게 전해주는 인생 사용 설명서**

《일류 아빠의 생각》을 쓴 저자는 책 속에서 변하지 않는 삶의 길을 보여준다. 극심한 가난과 신체적 장애를 짊어진 채, 온몸으로 발버둥치며 살아오면서 몸소 체득한 인생의 지혜이기에 더욱 생생하고 믿음직하다. '어른 됨', '일', '관계', '돈', '인생' 총 5개의 굵직한 주제 안에 사회 초년생들이 궁금증을 가질 만한 여러 문제에 대한 저자 나름의 해답을 편지 형식으로 담아냈다. 아버지의 마음으로 써 내려간 편지 속 이야기들이 급변하는 시대, 올바른 인생의 길을 찾아 헤매는 이들에게 든든한 나침반이 되어줄 것이다.

게임의 판을
바꾼
5가지 생각의
전환

안경 혁명

손재환 지음 | 15,000원

**"확실한 차이가 고객을 움직인다!"
안경 업계에 변혁을 가져온 5가지 마케팅 혁명**

세상이 아무리 바뀌어도 변하지 않는 가치들은 있다. 비즈니스도 결국엔 사람과 사람이 만나서 이루어지는 일이기 때문이다. 《안경 혁명》은 저자가 안경원 매장을 운영하면서 어떻게 한 발 앞서 움직일 수 있었는지, 위기를 기회로 바꿔가는 과정에서 항상 지켜왔던 원칙들이 무엇이었는지 엿볼 수 있다. 다른 업종의 변화를 보면서 힌트를 얻고 '나에게는 어떻게 적용할 수 있는가' 찾아가는 과정은 어려운 시기에도 자신의 사업을 지켜내야 하는 자영업자나 소사장들에게 새로운 용기와 방향성을 제시해줄 수 있을 것이다.

AI 시대 일의 의미, 전략 그리고 지속하는 힘

일의 무기

초판 1쇄 인쇄 2025년 1월 6일
초판 1쇄 발행 2025년 2월 5일

지은이 손재환

발행인 백유미 조영석
발행처 (주)라온아시아
주소 서울특별시 서초구 방배로 180 스파크플러스 3F

등록 2016년 7월 5일 제 2016-000141호
전화 070-7600-8230   **팩스** 070-4754-2473

값 22,000원
ISBN 979-11-6958-138-7 (13320)

※ 라온북은 (주)라온아시아의 퍼스널 브랜드입니다.
※ 이 책은 저작권법에 따라 보호받는 저작물이므로 무단전재 및 복제를 금합니다.
※ 잘못된 책은 구입하신 서점에서 바꾸어 드립니다.

라온북은 독자 여러분의 소중한 원고를 기다리고 있습니다. (raonbook@raonasia.co.kr)